쉽게 따라 하고 · 근사하게 완성한다
MACRAME BOOKCLASS

쉽게 따라 하고 · 근사하게 완성한다
MACRAME BOOKCLASS

변지예 지음

pan'n'pen

PROLOGUE

자신의 손으로 무언가를 완성하고 그것이 삶에 작은 기쁨이 되어준다면 멋지고 의미 있는 일이 아닌가요. 마크라메는 삶의 순간순간마다 작은 기쁨과 의미를 일깨워주는 참 좋은 친구이자 휴식입니다.

학창시절에 점심시간이면 교실 뒤에 놓인 화분에 물을 주고 커튼을 예쁘게 고쳐 묶곤 했어요. 특별한 브랜드나 특정 물건을 좋아하기보다는 분위기에 어울리는 것을 발견하고 장식하는 일에 재미를 느꼈어요. 어느 날 우연히 발견한 인테리어 사진 한 장을 통해 마크라메라는 것을 알게 되었고, 어느새 마크라메는 제 삶의 한 부분이 되었답니다.

얼마 전 오래된 여행 사진을 꺼내 보았습니다. 미국 포틀랜드를 여행하던 중 찍은 사진 하나가 눈에 띄었어요. 지금 보니 어느 빈 벽에 마크라메가 걸려 있는 사진이더군요. 그때는 그것이 마크라메인줄도 모르고 그저 예쁘게 장식된 벽을 발견한 기쁨에 사진으로 남겼던 것 같습니다. 돌이켜 생각해보면 마크라메는 그때부터 제 눈에 매력적인 소품이었나 봅니다. 한참 뒤 마크라메를 시작했는데 당시에는 한국 내에 자료도 부족하고 재료를 구하기도 쉽지 않았어요. 여기저기 발품을 팔아 구한 재료로 여러 가지 시도를 하며 마크라메에 대해 공부하고 끊임없이 작품을 만들어 보았어요. 지금은 독창적인 작품을 만들며 마크라메를 여러 사람들에게 가르치며 나누게 되었습니다. 마크라메를 통해 이루어진 만남과 가치 있는 시간이 기쁠 따름입니다.

마크라메는 삶의 속도를 조절하여 안정감을 갖게 합니다

마크라메는 오직 손을 사용하여 작품을 완성하는 공예입니다. 속도가 빠르지 않지만 천천히 천천히 손끝에 집중하며 매듭 하나하나를 만들다 보면 골치 아픈 일들에서 점

점 멀어지고 있는 자신을 발견하게 됩니다. 손으로 섬세하게 하는 작업에 몰두하면 마음이 안정되는 것이 사실입니다. 끌레드륀느에서 함께 마크라메를 완성하는 시간이 유일한 힐링 타임이라고 말을 해주는 분들이 종종 있습니다. 소근소근 대화를 나누며 매듭을 완성하는 시간은 저에게도 소중한 일상이고 큰 휴식이 됩니다. 살면서 만나는 크고 작은 스트레스를 내려 놓고 마음의 안정을 취할 수 있는 작업이 바로 마크라메입니다.

누구나 어렵지 않게 배우고 자신 안에 숨은 창의력을 발견해요

마크라메의 가장 큰 장점 중 하나는 말 그대로 시작이 반이라는 것이죠. 재료가 비싸지도 않고, 몇 가지 도구와 양손만 있으면 시작할 수 있습니다. 물론 배우기도 쉽지요. 눈썰미가 좋다면 사진, 영상을 통해 기본 매듭을 익히고, 온라인 검색을 통해 전세계 작가들의 작품을 보고 영감을 얻을 수도 있습니다.

처음에는 책을 통해 자세하게 배운 작품을 난이도별로 만들어보세요. 작품을 만들수록 어느새 나만의 작품을 만들고 싶은 욕구가 생긴답니다. 매듭을 조합하고 배열해서 나만의 패턴을 만들고, 한 단계 더 나아가 입체적인 구조를 만들어가는 기쁨과 성취감은 생각보다 훨씬 감동적입니다.

마크라메를 배우고 따라 만드는 것을 넘어 스스로가 가진 창의력을 한껏 펼쳐보세요. 제가 그랬듯 완성 후의 뿌듯함을 독자 여러분도 느끼길 바랍니다.

생활에 유용한 소품을 만드는 기쁨을 누리세요

저와 마찬가지로 인테리어에 관심있는 사람들이 마크라메를 배우는 경우가 많습니다. 여러 온라인 인플루언서들이 마크라메를 배우기 위해 끌레드륀느를 거쳐갔고, 그분들은 여전히 훌륭한 작품을 만들어가고 있습니다. 최근 인테리어 소품 중 가장 인기를 끌고 있는 것 역시 마크라메 입니다. 월 행잉, 플랜트 행어가 단골 아이템으로 카페, 레스토랑, 호텔, 모델하우스, 인테리어 쇼룸 등에서 쉽게 볼 수 있죠. 마크라메는 인테리어 소품 외에 가방, 신발, 의류 제작도 가능하여 최근에는 패션 아이템으로도 사랑 받고 있습니다.

변지예

CONTENTS

p 20

p 66

p 88

04 　프롤로그

CLASS 1. BASIC

10 　마크라메를 아시나요?
12 　마크라메를 위해 필요한 도구
16 　마크라메 로프의 종류와 쓰임새

CLASS 2. KNOT & PATTERN

마크라메 매듭

20 　한눈에 보는 매듭&패턴
22 　라크스 헤드 매듭(종달새 머리 매듭)
24 　반대 라크스 헤드 매듭
25 　스퀘어 매듭(평 매듭), 하프 스퀘어 매듭
26 　피콧 스퀘어 매듭
27 　스위치 스퀘어 매듭
28 　스파이럴 매듭, 하프 스퀘어 매듭
29 　반대 스파이럴 매듭, 반대 하프 스퀘어 매듭
30 　클로브 히치 매듭(감아매기), 하프 히치 매듭(반 감아매기)
31 　수평 클로브 히치 매듭
32 　수직 클로브 히치 매듭
33 　교차 히치 매듭
34 　한 방향 하프 히치 매듭
35 　랩핑 매듭
36 　버블 매듭
37 　크라운 매듭
38 　조세핀 매듭
39 　슬립 매듭

마크라메 패턴

40 　다이아몬드 패턴

42	나뭇잎 패턴
44	화살 패턴
46	나비 패턴
48	스퀘어 매듭 그물 패턴
49	슬립 매듭 그물 패턴
50	물고기 가시 패턴

CLASS 3.
MODERN MACRAME

58	우드 볼 플랜트 행거
60	클래식 무드 플랜트 행거
64	프린지 플랜트 행거
66	월 행잉 스타일 플랜트 행거
70	화살 패턴 월 행잉
74	액자 형태의 월 행잉
78	짜임 무늬 월 행잉
82	보헤미안 월 행잉
88	가랜드
92	램프
98	리스
102	태슬
106	드림 캐처
110	테이블 러너
114	쿠션 커버
118	의자 장식
122	비치 체어

p 98

p 110

AFTER CLASS

128	마크라메 북클래스 Q&A
130	끌레드륀느 클래스 정보

p 122

CLASS 1

BASIC

마크라메를 아시나요?

마크라메 macrame 는 13세기에 '매듭실 레이스 migrana '라는 뜻의 아랍어에서 유래한
말이며, 서양 공예의 한 종류로 끈을 활용하여 여러 가지 장식품을 만드는 방법이자
작품을 일컫습니다. 마크라메의 가장 큰 매력은 특별한 도구 없이 오직 손으로
다양한 방식과 모양으로 매듭과 패턴을 엮어 장식품을 만들 수 있다는 것입니다.
또한 누구라도 손쉽게 배울 수 있고 빠르게 완성할 수 있으며 오랫동안 사용할 수 있는
실용적인 소품을 만들 수 있습니다. 이러한 점 때문에 마크라메는 오랜 시간 동안
이어질 수 있었고, 다양한 시대와 국가를 넘나들며 수많은 사람들에게 취미이자
훌륭한 공예품으로 자리잡을 수 있었습니다.

특히, 1970년대 파리에서 마크라메가 굉장히 유행을 하였습니다. 그 영향은
우리나라에도 미쳤지요. 1970~1980년대에 흔히 볼 수 있던 화분걸이나 팔찌 같은
공예품 중에 마크라메가 꽤 있습니다. 당시에는 서양대듭으로 알려져 큰 인기를
얻었습니다.

마크라메는 화분걸이, 즉 플랜트 행거, 월 행잉 같은 벽장식을 비롯하여 조명 갓, 커튼,
의자, 의자 장식, 쿠션 같은 다양한 인테리어 소품을 만들 수 있습니다.
뿐만 아니라 의류, 가방, 신발 같은 패션 아이템, 아이와 반려동물을 위한 소품까지
손수 만들 수 있습니다. 실제로 세계적인 의류 업체는 매 시즌 마크라메 가방을
선보이고 있으며, 보헤미안 인테리어, 미니멀 라이프, 소확행 등의 라이프 패턴과 잘
어울려 점점 더 핫한 트렌드로 자리매김 하고 있습니다.

하지만 마크라메는 어떤 유형보다도 스스로에게 주는 만족과 성취감을 선사하기에
긴 시간 동안 전세계 사람들에게 사랑받는 수공예로 여겨지고 있습니다.

마크라메를 위해 필요한 기본 도구

1 로프   마크라메를 만드는 기본 재료이다. 마크라메 용 로프가 따로 정해져 있는 것은 아니다. 보통 '세 가닥 3-cord 꼬임' 면 로프를 가장 많이 사용하지만 매듭을 만들 수 있다면 어떠한 로프라도 사용 할 수 있다.

2 가위   로프를 자를 때 사용한다. 이탈리아에서 생산되는 '깅어 Gingher'라는 브랜드를 추천한다. 그중 '드레스메이커 시어 Dressmaker Shear 8인치'을 일반적으로 사용하고 있으며, '소잉 시저 Sewing Scissor 4인치'는 매우 작기 때문에 주머니에 넣고 작업하다가 필요할 때 바로 꺼내서 사용할 수 있어 편리하다. 게다가 가위 집이 있어 가지고 다니기에도 안전하다.

3 줄자   로프의 길이를 재거나 매듭 사이의 간격을 측정하는데 사용한다. 줄자는 매듭을 정확하게 만들 때 꼭 필요하다. 넓은 패턴의 작품을 만든다면 각 매듭의 높이가 맞는지 확인해야 한다. 이때, 목봉에서 매듭까지의 길이를 재어보면 된다. 또한 매듭 사이의 간격이 넓은 패턴을 만들 때도 줄자를 사용해 확인하며 진행한다.

4 S자 고리   목봉이나 로프를 행거에 걸 때 사용한다. S자 고리가 없다면 로프로 연결하여 작업할 수 있다. 작업중에 S자 고리에서 목봉이 자꾸 떨어진다면 고리와 목봉을 테이프로 고정하면 된다.

5 우드 볼   플랜트 행거, 월 행잉, 드림 캐처 등 마크라메 작품을 꾸미는 용도로 사용한다. 우드 볼은 크기와 컬러가 다양하여 여러 가지 디자인에 응용할 수 있다.

6 유목   유목의 경우 자연에서 구할 수 있는데 산에서 구한 나뭇가지는 벌레가 먹었거나 쉽게 부러질 수 있다. 반면 바닷가에 있는 유목은 바닷물을 머금었다 말랐다를 반복하여 형태도 다듬어지고 벌레가 먹지 않는 튼튼한 나무일 경우가 많다. 비교적 단단하고 잘 말라 있어 사용하기에 좋다.

7 목봉   목봉은 월 행잉을 만들 때 로프를 거는 용도로 쓴다. 직선으로 가공된 목봉은 모던한 느낌을, 유목은 내추럴하면서 빈티지한 느낌을 살릴 때 사용한다. 만들고자하는 마크라메의 디자인과 어울리는 목봉을 선택하는 것이 중요하다.

마크라메를 위해 필요한 전문가 도구

1 **우드 링** 플랜트 행거의 고리 부분으로 주로 사용한다. 우드 볼과 마찬가지로 여러 가지 크기가 있다.

2 **겸자** 겸자는 로프를 잡는 힘이 강한 만큼 매듭을 마친 후 그 사이에 로프를 통과 시켜야할 때, 매듭을 수정할 때 주로 사용한다. 겸자가 없다면 크기가 작은 니퍼를 사용하면 된다.

3 **금속 링** 플랜트 행거, 드림캐처, 팬던트 등 다양한 소품에 사용한다. 장식적인 요소로도 사용하지만 특정한 형태를 만들기 위한 지지대로도 쓴다. 완성 작품에 링이 보여진다면 깨끗하게 도금된 금속링을 사용하는 것이 좋다.

4 **코바늘** 버블 매듭을 만들거나 좁은 매듭 사이로 로프를 꺼낼 때 사용한다.

5 **돗바늘** 돗바늘은 로프와 로프 사이를 정확하게 통화하시켜야 바늘 귀가 끊어지지 않는다. 바늘을 당기기 전에 반드시 확인하도록 한다.

6 **빗** 작품을 완성하고 밑단을 섬세하게 빗어 풀거나 정리한다. 로프를 풀 때 처음에는 굵은 빗으로 빗어 꼬임을 풀고, 그 다음 가는 빗으로 가닥가닥을 풀어 정리한다.

마크라메 로프의 종류와 쓰임새

1 **염색 로프** 로프는 다양한 색으로 염색할 수 있다. 염색 샘플 북을 보고 주문하거나 원하는 색이 있다면 샘플 색깔을 들고 가서 주문할 수도 있다. 단, 염색할 때마다 컬러가 조금씩 달라질 수 있으니 한 번에 여러 타래의 로프를 염색 및 주문하는 것이 좋다.

2 **마 로프** 마 섬유로 만들어진 로프로 강하고 거친 표면이 특징이다. 단단하고, 물에 젖어도 금방 마르기 때문에 주로 네트 백 같은 가방 종류를 만들 때 사용된다. 마 로프는 사용할수록 부드러워진다.

3 **푼사** 꼬지 않은 그대로의 명주실. 매듭을 만들 때 풀림에 주의해야하지만 매듭의 면이 깨끗하게 만들어지는 장점이 있다. 우리나라에서 만든 푼사는 로프 표면에 올록볼록한 굴곡이 있기 때문에 빈티지한 작품에 아주 잘 어울린다. 단, 밑단을 풀기 어려우니 빗질을 해야하는 디자인에는 사용하지 않는 게 좋다.

4 **가락사** 여러 가닥(가락)으로 꼬여 있어 붙은 이름이다. 꼬임의 질감 표현이 좋은 로프인데 마크라메용으로 사용하기 시작한지는 오래되지 않았다.

5 **면 로프** 일반적으로 많이 쓰이는 마크라메 로프이다. 매듭을 만들면 표현이 잘 되고 밑단을 풀기도 쉬워 여러 가지 디자인에 무난하게 사용할 수 있다. 매우 가는 굵기부터 손목만큼 두꺼운 굵기까지 로프의 종류가 다양하다. 로프는 꼬여있는 가닥의 수에 따라 굵기를 알 수 있다. 예를 들면, 120합이면 120가닥의 꼬임으로 된 로프라는 말이다.

6 **3합 속심** 일명 '우동실'이라고도 불리며 단단하고 꼬임이 세밀한 편이다. 본래 후드나 허리 끈에 사용되는 로프이다. 마크라메에서는 티 코스터나 플랜트 행거 등 작은 소품을 만들 때 많이 사용한다.

7 **코팅사** 코팅사는 단단하고 마찰력이 좋은 로프이다. 이 상태에서 염색이나 코팅을 하여 목걸이 등을 만들기 때문에 코팅사라고 불린다. 목사와 마찬가지로 키링 등 작은 소품이나 튼튼하고 형태가 유지되어야 하는 가방을 만들기에 적합하다.

8 **목사** 목걸이를 만들 때 사용되는 로프로 코팅사와 마찬가지로 마찰력이 좋아서 매듭이 단단하게 고정된다. 쉽게 늘어지지 않고 매듭이 단단하여 모양이 잘 유지되기에 가방을 만들 때 사용하기 좋다. 또한 로프가 쉽게 꼬이지 않으면서 매듭은 잘 풀리지 않아 매듭의 패턴을 깔끔하게 표현할 수 있다.

CLASS 2

KNOT
& PATTERN

한 눈에 보는 마크라메 매듭&패턴

라크스 헤드 매듭

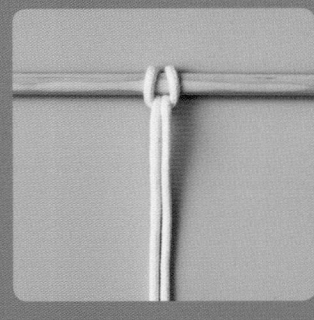
반대 라스크 헤드 매듭

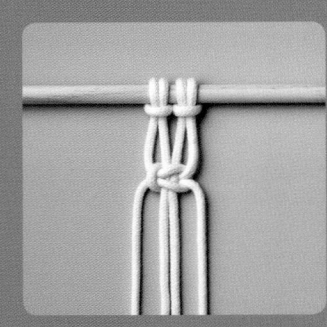
스퀘어 매듭

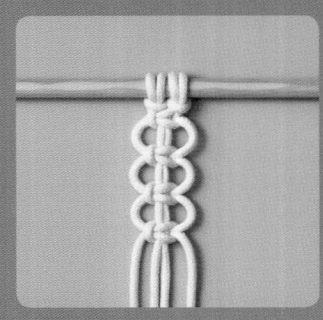
피콧 스퀘어 매듭

스위치 스퀘어 매듭

스파이럴 매듭

반대 스파이럴 매듭

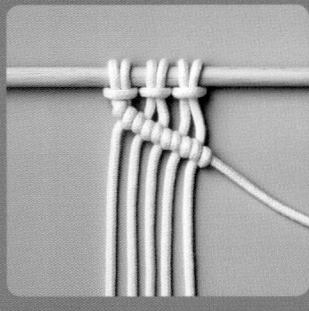
클로브 히치 매듭

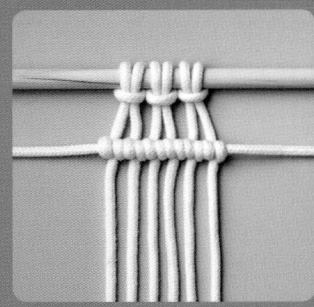
수평 클로브 히치 매듭

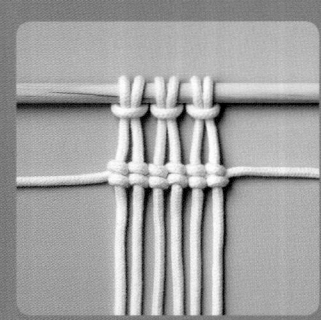
수직 클로브 히치 매듭

교차 히치 매듭

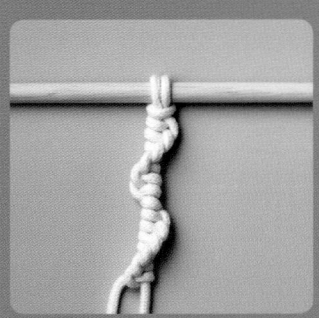
한 방향 하프 히치 매듭

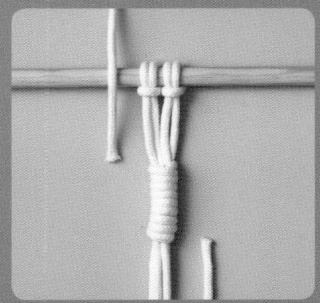
랩핑 매듭

버블 매듭

크라운 매듭

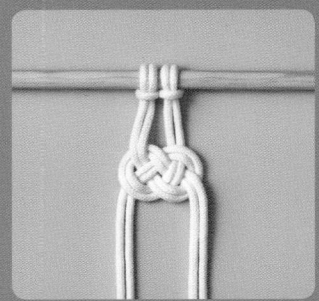
조세핀 매듭

슬립 매듭

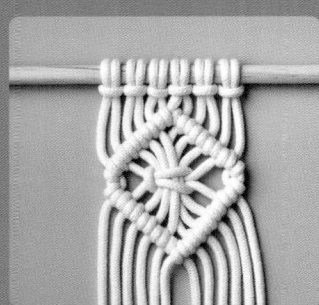
다이아몬드 패턴

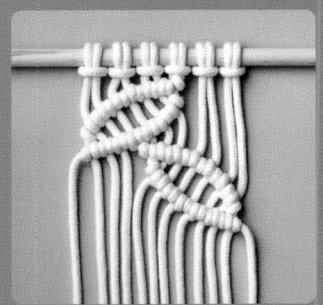
나뭇잎 패턴

화살 패턴

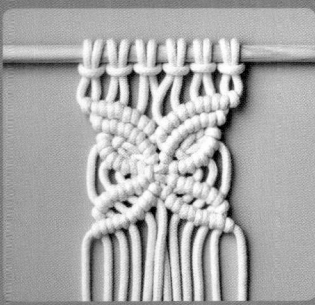
나비 패턴

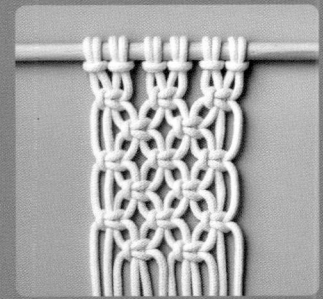
스퀘어 매듭 그물 패턴

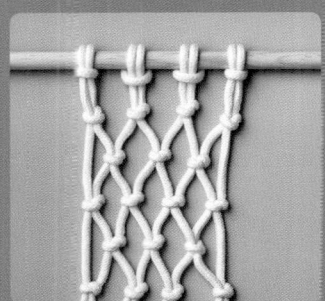
슬립 매듭 그물 패턴

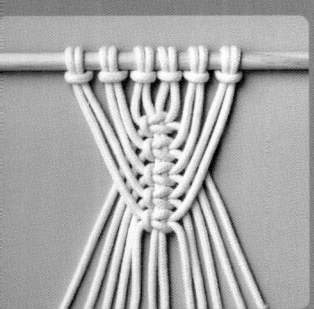
물고기 가시 패턴

라크스 헤드 매듭

lark's head knot

동양매듭의 '종달새 머리 매듭'

방법 1

1 로프를 반으로 접어 고리모양을 만든다.

2 고리 모양을 목봉의 앞에서 뒤로 넘긴다.

3 로프의 끝 부분을 고리 안쪽으로 통과시킨다.

4 통과 시킨 로프를 아래로 당겨 단단히 고정시킨다.

방법 2

1 로프를 목봉에 걸어준다.

2 뒤의 로프를 앞으로 가져와 오른쪽으로 접어 놓는다.

3 접은 로프의 끝을 목봉의 뒤로 넘긴다.

4 뒤로 넘긴 로프를 다시 앞으로 가져오며 처음 접어 놓은 사이로 통과시킨다.

5 단단하게 묶는다.

반대 라스크 헤드 매듭
reverse lark's head knot

1 로프를 반으로 접어 고리모양을 만든다.

2 고리 모양을 목봉의 뒤에서 앞으로 넘긴다.

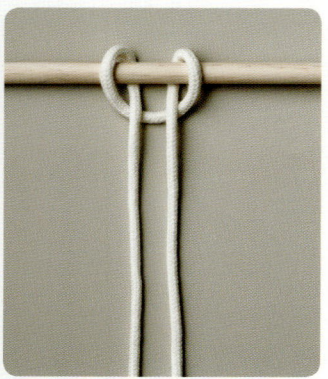

3 로프의 끝 부분을 고리 안쪽으로 통과시킨다.

4 통과 시킨 로프를 아래로 당겨 단단히 고정시킨다.

스퀘어 매듭

square knot

동양매듭의 '평 매듭'

1 4개의 로프 중 양쪽 가장자리의 로프를 이용하여 중앙에 위치한 로프 2줄 위에 숫자 4모양을 만든다.

2 가장 오른쪽의 로프가 중앙에 위치한 로프 2줄 아래로 지나가며, 왼쪽 고리의 위로 통과하여 나오게 한다.

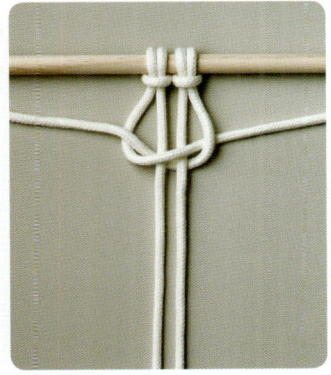

3 양 방향으로 로프를 단단하게 묶는다. 이 상태를 하프 스퀘어 매듭 half square knot (반평 매듭) 이라고 한다.

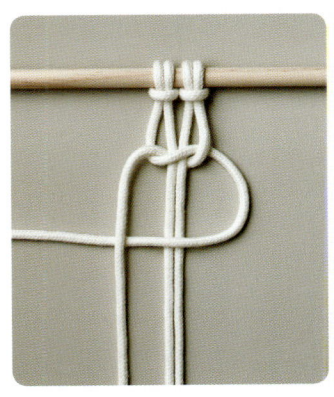

4 양쪽 가장자리의 로프를 이용하여 중앙에 위치한 로프 2줄 위에 좌우가 뒤집어진 숫자 4모양을 만든다.

5 가장 왼쪽의 로프가 중앙에 위치한 로프 2줄 아래로 지나가며, 오른쪽 고리의 위로 통과하여 나오게 한다.

6 양 방향으로 로프를 단단하게 묶는다.

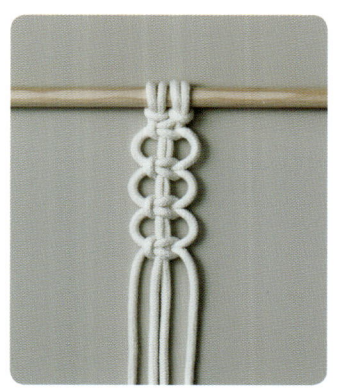

피콧 스퀘어 매듭
picot square knot

1 스퀘어 매듭을 한 개 만든다.

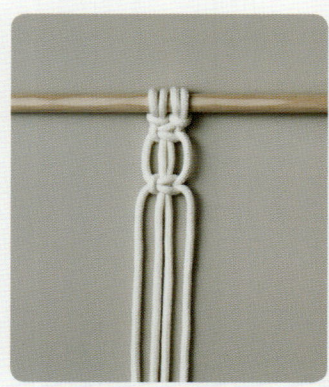

2 아래에 간격을 두고 스퀘어 매듭을 한 개 더 만든다.

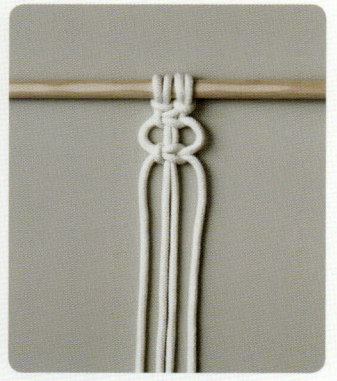

3 두 번째 스퀘어 매듭을 위로 밀어올려 양 가장자리의 로프가 둥근 고리 모양이 되도록 한다.

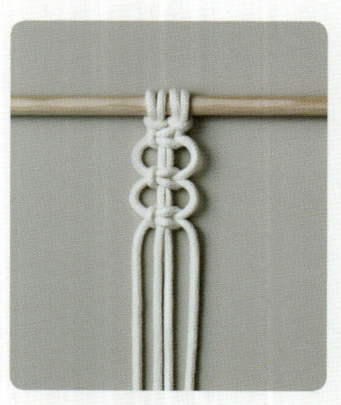

4 ②-③의 과정을 반복한다.

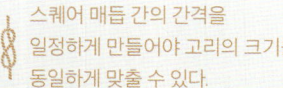
스퀘어 매듭 간의 간격을 일정하게 만들어야 고리의 크기를 동일하게 맞출 수 있다.

스위치 스퀘어 매듭
switch square knot

1 스퀘어 매듭을 한 개 만든다.

2 양 가장자리 로프와 가운데 2줄 로프의 위치를 바꾼다.

3 이 상태에서 스퀘어 매듭을 만든다.

4 ②-③의 과정을 반복한다.

5 전체 스퀘어 매듭을 3번 반복한 모양이다.

스파이럴 매듭
spiral knot

1 양쪽 가장자리의 로프로 중앙의 로프 2줄 위에 숫자 4모양을 만든다.

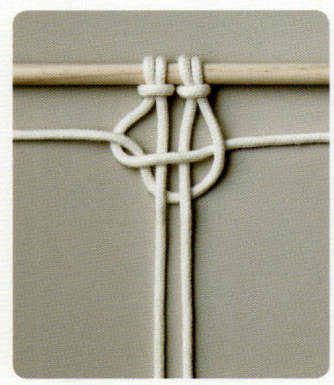

2 가장 오른쪽의 로프가 중앙의 로프 2줄 아래로 지나며, 왼쪽 고리의 위로 통과하여 나오게 한다.

3 양방향으로 로프를 단단하게 묶는다.

4 이 상태를 **하프 스퀘어 매듭** half square knot 이라고 한다.

5 하프 스퀘어 매듭을 반복하여 묶는다. 이때 양쪽으로 당기는 힘을 같게 조절한다.

6 한 방향으로 반복하여 매듭 지으면 자연스럽게 꼬임이 만들어진다.

반대 스파이럴 매듭
reverse spiral knot

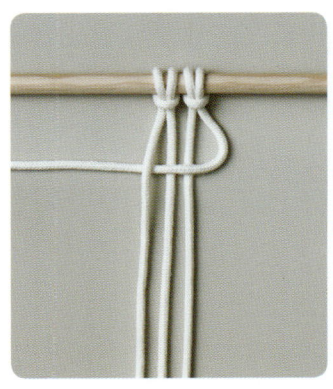

1 양쪽 가장자리의 로프로 중앙의 로프 2줄 위에 좌우가 전환된 숫자 4모양을 만든다.

2 가장 왼쪽의 로프를 중앙의 로프 2줄 아래로 지나며, 오른쪽 고리의 위로 통과하여 나오게 한다.

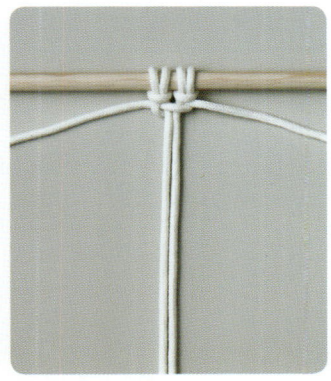

3 양 방향으로 로프를 단단하게 묶는다.

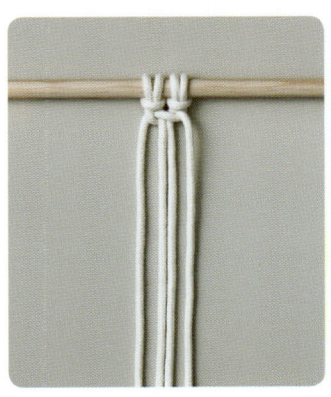

4 이 상태를 **반대 하프 스퀘어 매듭** reverse half square knot 이라고 한다.

5 반대 하프 스퀘어 매듭을 반복하여 묶는다. 이때 양쪽으로 당기는 힘을 같게 조절한다.

6 한 방향으로 반복하여 매듭 지으면 자연스럽게 꼬임이 만들어진다.

클로브 히치 매듭
clove hitch knot
동양매듭의 '감아매기'

1 중심이 되는 로프를 다른 로프들 위에 놓는다. 이때 놓는 각도가 선을 만드는 방향키 역할을 한다.

2 가까운 로프부터 사진과 같이 중심이 되는 로프를 사진과 같이 감아준다.

3 단단하게 묶는다. 이 상태를 **하프 히치 매듭** half hitch knot 이라고 한다

4 ③의 로프로 다시 한 번 반복하여 감아 묶는다.

5 옆의 로프들도 마찬가지로 1개의 로프로 각 두 번씩 반복하여 중심이 되는 로프를 감아 묶는다.

> 로프를 당기는 힘을 조절하여 각 매듭의 크기를 모두 같게 만들어야 매끄러운 선이 나온다.

수평 클로브 히치 매듭
horizontal clove hitch knot

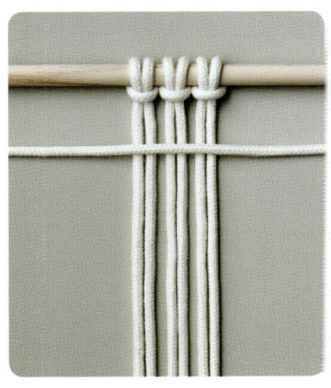

1 로프들 위로 새로운 로프를 잘라 수평으로 올려놓는다. 올려 놓은 로프가 중심이 된다.

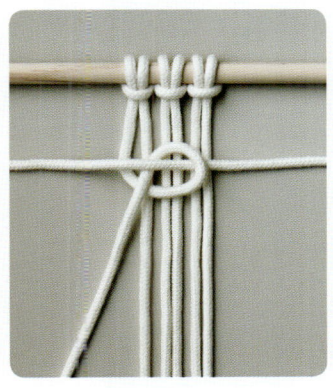

2 가장 왼쪽의 로프로 사진과 같이 중심이 되는 로프를 감아준다.

3 단단하게 묶는다.

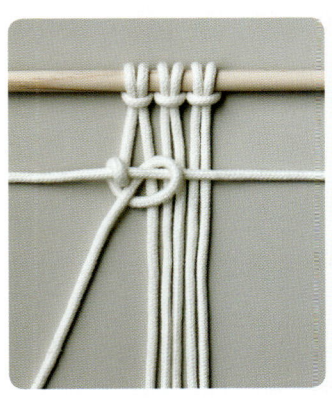

4 ③의 로프로 다시 한 번 반복하여 감아 묶는다.

5 옆의 로프들도 마찬가지로 두 번씩 반복하여 중심이 되는 로프를 감아 묶는다.

이때 가로로 중심이 되는 로프가 수평을 유지하도록 위치를 고정한다.

수직 클로브 히치 매듭
vertical clove hitch knot

1 이 매듭의 중심은 세로 방향으로 놓은 로프들이다. 새로운 로프를 잘라 사진과 같이 가장 왼쪽의 로프 아래에 놓는다.

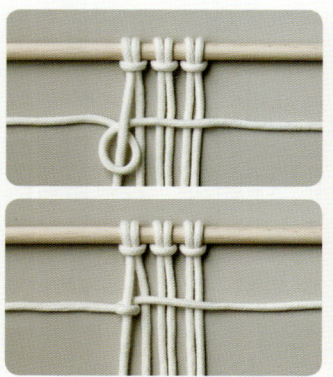

2 사진과 같이 아래에 놓은 로프로 세로 방향으로 놓인 중심이 되는 로프를 감아준다. 단단하게 묶는다.

3 같은 로프로 한번 더 반복하여 중심이 되는 로프를 감아 묶는다.

 매듭의 크기가 같도록 당기는 힘을 조절한다.

4 매듭 오른쪽 옆의 새로운 로프가 중심이 된다.

 항상 중심이 되는 로프를 감는 로프의 위에 놓는다.

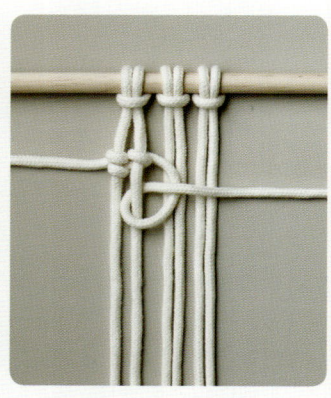

5 ②-③-④를 반복한다.

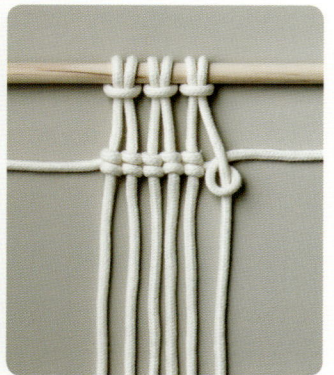

6 오른 방향으로 중심이 되는 로프를 옮기며 매듭을 만든다.

교차 히치 매듭
alternating hitch knot

동양매듭의 '좌우 엮기'

1 왼쪽에 놓인 로프가 중심이 되어 오른쪽 로프로 하프 히치 매듭(28쪽 3번 과정 클로브 히치 매듭 참조)을 만든다.

2 단단하게 묶는다.

3 그 다음 다시 오른쪽에 놓인 로프가 중심이 되어 왼쪽 로프로 하프 히치 매듭을 만든다.

4 단단하게 묶는다.

5 왼쪽과 오른쪽의 로프가 교대로 번갈아가며 중심이 되어 하프 히치 매듭을 만든다.

한 방향 하프 히치 매듭
right-facing half hitch knot

1 두 줄 로프를 준비한다.

2 왼쪽의 로프를 중심으로 하고, 오른쪽의 로프로 한 번 감아준다.

3 단단하게 묶는다.

4 매듭을 만들었던 오른쪽의 로프로 ②-③을 반복하여 만든다.

5 반복하여 만들면 자연스럽게 나선형 패턴이 만들어진다.

랩핑 매듭
warpping knot

1 여러 개의 로프를 중앙으로 놓는다. 또 다른 로프를 위로 접어 올려 고리 모양을 만든다.

2 접어올린 로프로 중앙의 로드들을 감싼다.

3 중앙의 로프들을 아래 방향으로 촘촘하게 계속하여 감싼다.

 아래 단계에서 로프를 당기기 쉽도록 너무 세게 감싸지 않는다.

4 원하는 길이가 되면, 감싸주던 로프의 끝을 접어올려 ①에서 만들어진 고리에 통과시킨다.

5 우의 로프를 윗 방향으로 잡아당겨, 아래의 고리가 감싸인 안쪽으로 딸려 들어가게 한다.

6 감싸고 남은 위 아래의 로프를 짧게 자른다.

버블 매듭
bubble knot

1 스퀘어 매듭을 세 개 연달아 만든다.

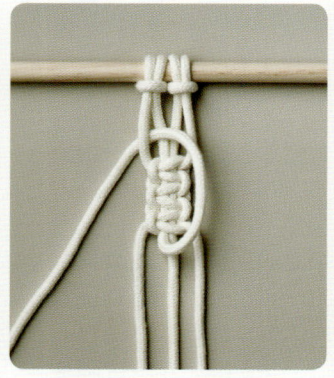

2 아래 두 번째 로프를 왼쪽 위 사이로 통과시킨다.

3 아래 세 번째 로프를 오른쪽 위 사이로 통과시킨다.

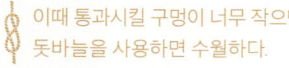
이때 통과시킬 구멍이 너무 작으면 돗바늘을 사용하면 수월하다.

4 통과시킨 로프들을 당긴다.

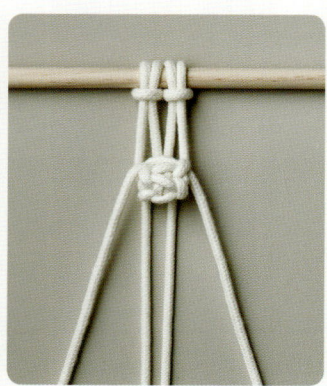

5 스퀘어 매듭이 말리면서 동그란 모양이 되고 다시 아래로 로프 4줄이 놓인다.

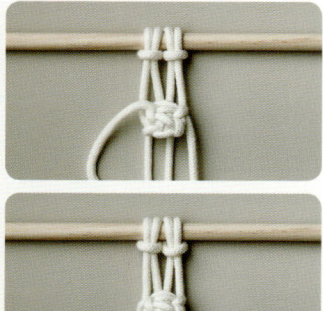

6 동그랗게 말린 매듭 아래에 **스퀘어 매듭**을 만든다. 중앙의 로프 2줄을 당겨 버블 모양이 더욱 단단히 말리게 만든다.

크라운 매듭

crown krot

1 로프가 사방으로 뻗도록 놓는다.

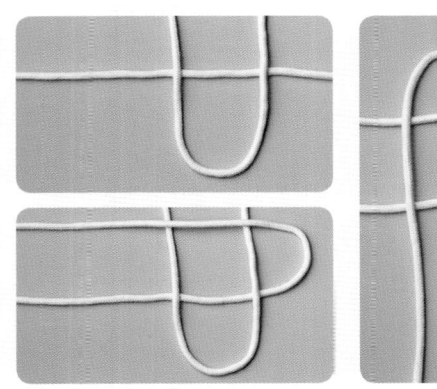

2 로프가 사진처럼 차례대로 중앙을 향하도록 접는다.

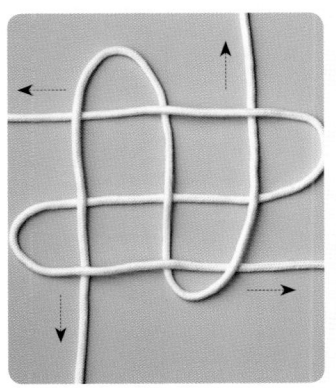

3 마지막 로프는 첫 번째 접었던 로프 사이로 통과 시킨다. 중심이 흐트러지지않게 사방으로 살살 잡아 당긴다.

4 각 로프의 끝을 잡고 동시에 잡아당겨 단단하게 묶는다.

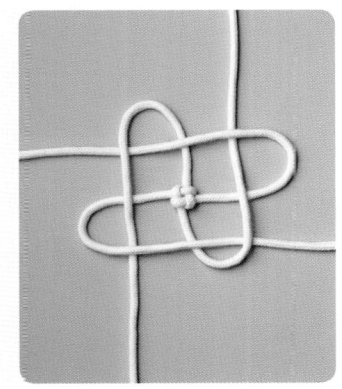

5 원하는 길이가 나올 때까지 ②-③-④의 과정을 반복하여 만든다.

조세핀 매듭

Josephine knot

1 로프 4줄 걸어 준비한다.

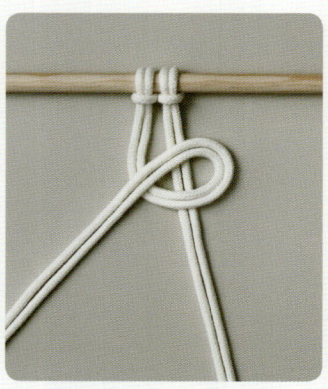

2 왼쪽의 로프 2줄 사진과 같이 윗방향으로 굴려 놓는다.

3 오른쪽의 로프 2줄 왼쪽의 로프 위로 지나가게 한다.

4 왼쪽 위에 놓인 로프를 사진처럼 원 안에 놓인 로프 아래로 통과시킨다.

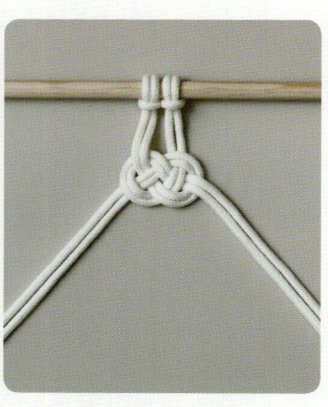

5 매듭을 단단하게 만든다.

로프를 조금씩 당겨 모양과 위치를 잡는다. 양쪽의 크기가 같도록 맞추고, 로프의 순서가 꼬이지 않도록 평평하게 만든다.

슬립 매듭
slip knot

1 왼쪽에 놓인 로프가 중심이 되어 오른쪽 로프를 뒤로 보내 감싼다.

2 감싸면서 만들어진 고리 안으로 위에서 아래로 로프를 통과시킨다.

3 단단하게 당겨 고정한다.

다이아몬드 패턴
diamond pattern

1 가장 가운데 로프 두 개로 **하프 히치 매듭**(28쪽 3번 과정 클로브 히치 매듭 참조)을 만든다. 이 부분이 다이아몬드 패턴의 윗 꼭지점이 된다.

2 양 옆으로 나뉜 두 로프가 각각 중심 로프가 된다.

3 왼 방향 중심 로프에 안쪽부터 바깥쪽 순서로 **클로브 히치 매듭**으로 대각선을 만든다.

4 오른 방향 중심 로프에 안쪽부터 바깥쪽 순서로 **클로브 히치 매듭**으로 대각선을 만든다.

5 중앙의 로프 8줄로 **스퀘어 매듭**을 만든다.

6 가장 바깥쪽의 로프를 안쪽으로 놓는다.

7 바깥쪽부터 안쪽 차례로 **클로브 히치 매듭**으로 대각선을 만든다.

8 오른쪽 아랫면도 같은 방법으로 만든다.

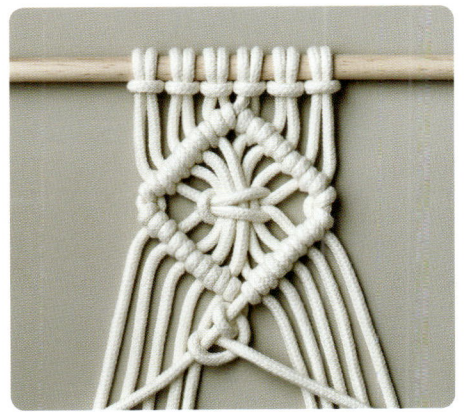

9 중앙에서 만난 로프는 **클로브 히치 매듭**으로 두어 아래의 꼭지점을 만든다.

여러 개의 다이아몬드 패턴을 연속하여 만들 때는 하프 히치 매듭으로 다이아몬드 패턴의 꼭지점을 만든다.

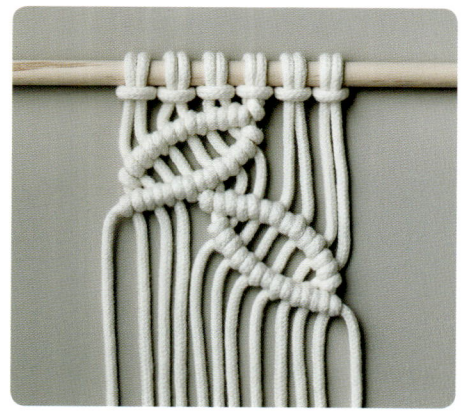

나뭇잎 패턴
leaf pattern

1 왼쪽에서 8번째 로프로 왼쪽 방향의 **클로브 히치 매듭**을 시작한다.

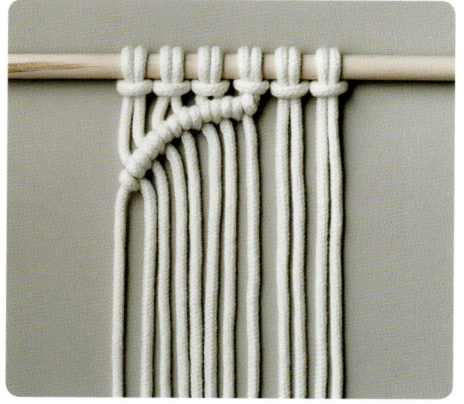

2 4개의 로프는 거의 수평으로 매듭을 만들고, 5번째 로프부터 급격히 중심 로프의 각을 내려 곡선을 만든다.

3 첫 번째 **클로브 히치 매듭**을 만들었던 로프가 중심이 된다.

4 3개의 로프는 아래로 가파른 각이 나오도록 매듭을 만들고, 나머지 4줄의 로프는 거의 수평으로 만든다.

5 오른쪽으로 향하는 나뭇잎을 만들 차례이다.
5번째 로프가 중심이 되어, 오른쪽 방향으로 **클로브 히치 매듭**을 만든다.

나뭇잎을 붙여서 만들 때는 나뭇잎의 중간 정도에서 새로운 매듭을 시작하는 것이 안정적이다.

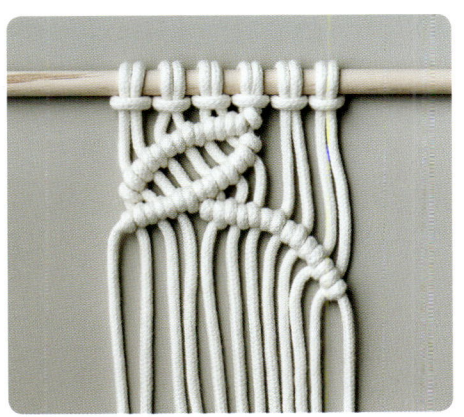

6 ②를 참고하여 나뭇잎의 윗 선을 만든다.

7 ③-④의 과정을 참고하여 아래의 선을 만든다.
두 개의 잎 모양이 완성되면 하나의 나뭇잎 패턴이 완성된다.

나뭇잎 모양을 규칙적으로 배열하거나 나뭇잎이 떨어지는 듯한 배열로 나만의 나뭇잎 패턴을 만들 수 있다.

화살 패턴
arrow pattern

1 양끝의 로프가 중심 로프가 된다.

2 왼쪽 중심 로프에 중앙 방향으로 **클로브 히치 매듭**을 만든다.

3 다시 오른쪽 중심 로프에 중앙 방향으로 **클로브 히치 매듭**을 만든다.

4 ②-③의 과정을 두 번씩 더 반복하여 중앙 아래 방향으로 대각선 3개를 만든다.

 이때 매듭 사이에 틈이 없도록 붙여 만든다.

5 중앙에서 만난 양쪽의 중심 로프를 **클로브 히치 매듭**으로 합친다.

6 중앙의 로프가 다시 바깥쪽을 향하는 패턴의 중심 로프가 된다.

7 양쪽의 중심 로프에 각각 대각선 바깥쪽 끝까지 **클로브 히치 매듭**을 만든다.

8 다시 중앙의 로프가 중심 로프가 되어 바깥쪽 끝까지 **클로브 히치 매듭**을 만든다.

9 아래 방향으로 반복하여 대각선을 3개씩 만든다.

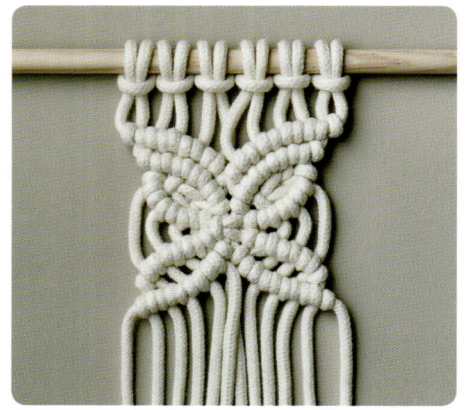

나비 패턴
butterfly pattern

1 가장 오른쪽의 로프를 중심으로 놓는다.

2 나뭇잎 패턴을 만드는 방법과 같게, 곡선으로 중앙까지 **클로브 히치 매듭**을 만든다.

3 다시 가장 오른쪽의 로프를 중심으로 놓는다

4 매듭 사이의 틈이 없도록 곡선을 만든다.

5 매듭 아래 중간 부분에 스퀘어 매듭을 만든다.

6 가장 오른쪽의 로프를 중심으로 놓는다.

7 **스퀘어 매듭** 주위를 감싸듯이 클로브 **히치 매듭**을 만든다.

8 왼쪽도 같은 방법으로 반복하여 패턴을 만든다.

9 중앙에서 **스퀘어 매듭**으로 양쪽의 패턴을 합친다.

10 **스퀘어 매듭**의 끝부분부터 양쪽으로 나뭇잎 모양을 만들면 나비의 아랫 날개가 완성된다.

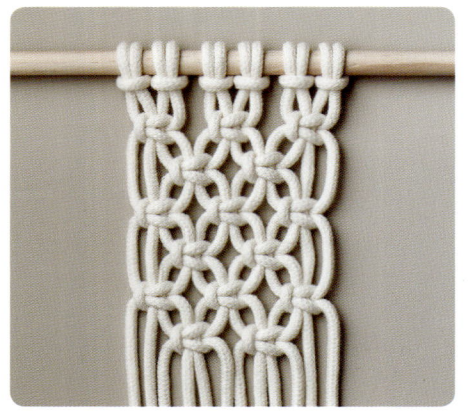

스퀘어 매듭 그물 패턴
square knot net pattern

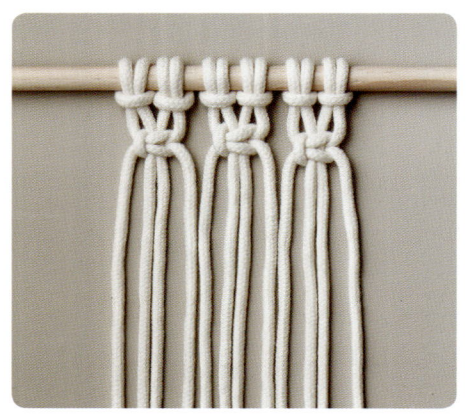

1. 패턴의 크기를 정하고 너비에 맞게 로프를 걸어 스퀘어 매듭을 1열 만든다.

2. 각 매듭 사이의 간격을 띄우고 스퀘어 매듭을 만든다.

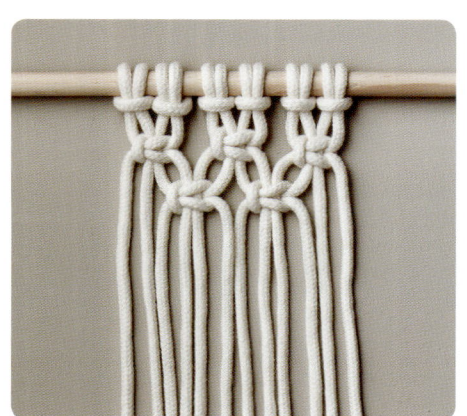

3. 같은 열의 매듭은 높이를 같게 맞춘다. 매듭 사이의 간격도 일정하게 한다.

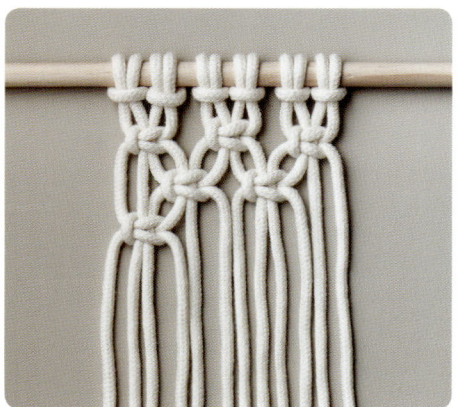

4. 가장자리의 매듭을 만들 때는 매듭이 빈 공간으로 기울어져 올라가지 않도록 매듭의 수평을 맞추는 것에 유의한다.

슬립 매듭 그물 패턴
slip knot net pattern

1 패턴의 크기를 정하고 너비에 맞게 로프를 걸어 슬립 매듭을 1행 만든다.

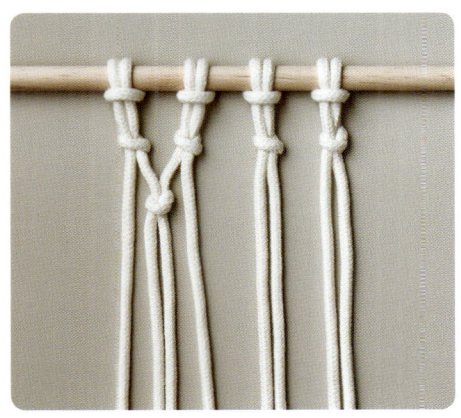

2 각 매듭의 사이에 간격을 띄우고 슬립 매듭을 만든다.

3 슬립 매듭은 매듭의 위치를 잡는 것이 쉽지 않다. 매듭의 위치와 간격을 조금씩 조절하여 맞춘다.

그물 패턴은 그물처럼 여러 코의 구멍이 나게 매듭을 만드는 패턴이다. 매듭 사이의 간격을 일정하게 유지하는 것이 중요하다. 사진과 같이 스퀘어 매듭, 슬립 매듭으로 만들어도 되고 다른 여러 매듭을 응용하여 만들 수도 있다. 그물 패턴은 많이 사용되기 때문에 익혀두면 좋다.

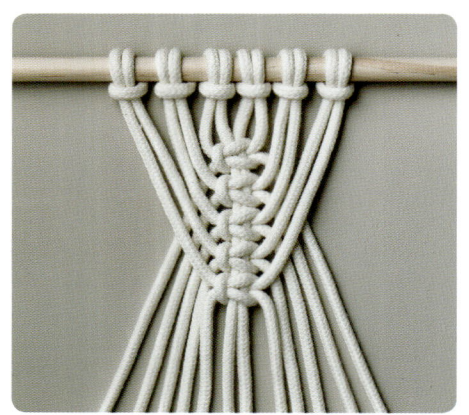

물고기 가시 패턴
fishbone pattern

1 가장 가운데 로프로 **스퀘어 매듭**을 만든다

2 매듭 양 옆의 로프를 하나씩 가져와서 중앙의 로프 2개와 함께 **스퀘어 매듭**을 만든다.

이때 위의 스퀘어 매듭과 간격을 붙여 만들고, 양 옆 로프의 길이를 같게 만든다.

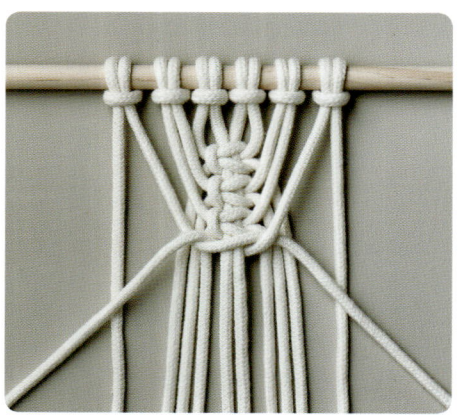

3 ②를 3번 더 반복한다.

원하는 패턴의 크기에 따라 로프와 매듭의 개수를 미리 정하여 만든다.

마크라메의 기본 매듭과 패턴을 이해했다면 본격적으로 모던 마크라메 작품 만들기에 도전해볼까요? 매듭과 패턴은 작품을 만들다보면 더 빠르게 손에 익게 되므로 처음부터 모든 매듭과 패턴을 외우려고 애쓰지 마세요.

CLASS 3

MODERN MACRAME

PLANT HANGER

마크라메 플랜트 행거는 흔하게 접할 수 있는 인테리어 소품 중 하나이다. 식물을 공중에 띄움으로써 공간에 율동감을 더하고, 싱그러움까지 선사하기 때문에 여러모로 인테리어 효과를 볼 수 있다. 최근에는 벽이나 천장에 걸기 좋은 크기와 디자인의 식물 화분을 다양하게 구할 수 있으니 마크라메 옷을 입혀 색다른 연출을 해보는 것은 어떨까. 마크라메 플랜트 행거는 초급자도 어렵지 않게 완성할 수 있는 작품이며 형태와 길이를 자신의 취향대로 조절할 수 있어 마크라메 입문자들에게 인기 있는 아이템이다.

우드 볼
플랜트 행거

Wood ball plant hanger

쉬운 매듭으로 만들 수 있는 가장 기본적인 형태의 플랜트 행거로 세 갈래로 분할된 로프들이 화분을 안정적으로 지탱해준다. 식물 인테리어를 높은 공간에 시도할 수 있기 때문에 부피가 큰 식물이 아니라도 충분히 인테리어 효과를 낼 수 있다. 행거를 걸고자 하는 높이와 식물의 형태나 크기에 따라 맨 아래로 흘러내리는 술의 길이는 자유롭게 정하는 재미가 있다. 플랜트 행거는 반드시 안에 넣을 화분을 기준으로 매듭 간의 간격을 조절해야 화분에 알맞은 공간을 정확히 확보할 수 있다.

난이도 ★☆☆

재료 120합 로프 450cm 6개·150cm 1개·120cm 2개, 우드 볼 9개, 14in 화분 1개

도구 행거, S자 고리, 가위

매듭 랩핑 매듭 , 스파이럴 매듭, 스퀘어 매듭

클래식 무드 플랜트 행거

Classic mood plant hanger

1970년 대 프랑스 파리뿐 아니라 비슷한 시기에 우리나라에서도 클래식한 스타일의 플랜트 행거를 많이 만들었다. 마크라메는 한국의 '전통 매듭'과 비슷하기 때문에 가능한 일이었다. 이번 작품은 당시 유행하던 클래식한 디자인의 플랜트 행거를 모던한 스타일로 재해석한 것이다. 윗 부분에 링을 연결하여 균형감 있으면서 안정적이고, 공간에 설치했을 때 웅장해 보이는 장점이 있다. 클래식 무드 플랜트 행거는 화분 대신 작은 바구니를 넣어 만들면 이런저런 물건을 담아 보관하기에도 좋다.

난이도 ★☆☆

재료 120합 로프 370cm 8개 · 150cm 1개 · 110cm 1개, 14in 화분 1개, 9.5Ø 금속 링 골드, 우드 볼 4개

도구 행거, S자 고리, 가위

매듭 랩핑 매듭, 클로브 히치 매듭, 스퀘어 매듭

우드 볼 플랜트 행거

완성하기

1. 450cm 로프 6개의 중앙 부분에 150cm 로프 1개로 랩핑 매듭을 만든다. 랩핑 매듭은 30번 정도 감는다. 감는 횟수는 정해져 있지 않아요. 매듭 부분을 구부려보고 원하는 고리 크기와 모양이 나오면 멈추면 됩니다. 랩핑 매듭 부분을 구부려 고리 모양으로 만든다.
2. 고리 모양의 아래 로프들을 다같이 잡고, 120cm 로프 1개로 감아 7cm 길이의 랩핑 매듭을 만든다.
3. 랩핑 매듭 아래 로프가 12줄이 된다. 이 로프를 4줄씩 3등분 한다.
4. 각 4줄씩의 로프로 스파이럴 매듭을 만든다.
5. 각 스파이럴 매듭 아래 5.5cm 위치에 스퀘어 매듭을 하나 만든다.
6. 각 스퀘어 매듭 아래 총 4줄의 로프 중 가운데 2줄에 우드 볼을 끼운다.
7. 우드 볼 아래에 스퀘어 매듭을 만들어 우드 볼을 고정한다.
8. ⑥-⑦을 2번씩 반복하여 우드 볼 3개를 모두 고정한다.
9. 맨 아래 스퀘어 매듭에서 로프를 2줄씩 가져와 9cm 아래에 스퀘어 매듭을 2번 묶는다. 다른 3곳도 모두 동일하게 해준다.
10. 화분을 넣어 매듭의 높이나 폭이 알맞는지 확인을 하고, 아래의 모든 로프를 잡아 랩핑 매듭을 만들 위치를 정한다.
11. 120cm 로프 1개로 랩핑 매듭을 만든다.
12. 아래 술은 원하는 길이로 자른다.

클래식 무드 플랜트 행거

완성하기

1. 370cm 로프 8개의 중앙 부분에 150cm 로프 1개르 랩핑 매듭을 만든다. 랩핑 매듭 부분을 구부려 고리 모양으로 만든다.
2. 고리 모양의 아래 로프들을 다같이 잡고, 110cm 로프 1개를 이용하여 4cm 길이로 랩핑 매듭을 만든다.
3. 금속 링 안쪽어 로프들을 모두 넣은 상태로 두고, 로프 하나씩 클로브 히치 매듭으로 링에 연결한다. 링이 수평을 유지하도록 매듭의 높이를 맞춰준다.
4. 링에 연결한 로프들을 4즐씩 4분할 하고 그 아래에 스퀘어 매듭을 1개씩 만든다.
5. 스퀘어 매듭 아래 가운데 2줄의 로프에 우드 볼을 넣는다.
6. 그 아래에 스퀘어 매듭을 3개 연결하여 만든다.
7. 21cm 간격을 두고 다시 스퀘어 매듭을 3개 만든다.
8. 화분을 넣고 각 매듭에서 로프를 2줄 가져와 스퀘어 매듭을 3개 만든다. 이때 넣을 수 있는 화분의 크기가 결정된다. 매듭 사이의 간격을 잘 조절하여 넣고자 화분의 둘레와 정확히 맞춘다.
9. 각 매듭에서 로프를 2줄씩 가져와 화분 아래의 도서리 부분에 교차로 스퀘어 매듭을 1개씩 만든다.
10. 3cm 아래에 각 스퀘어 매듭을 교차로 3단을 만들어준다. 매듭의 간격을 좁힘으로써 화분이 아래로 떨어지지 않도록 낮춰준다.
11. 아래 남은 로프를 깔끔하게 잘라 정리한다.

프린지 플랜트 행거

Fringe plant hanger

열대지역의 방갈로가 연상되는 모양이기 때문에 여름에 잘 어울리는 플랜트 행거이다. 매듭이 많이 들어가지 않는 작품이지만 자연스럽게 늘어지는 로프들이 특별한 분위기를 만들어 낸다. 마크라메를 시작한지 얼마 되지 않았지만 개성있고 특별한 작품을 만들고 싶다면 프린지 플랜트 행거를 추천한다. 잎이 적은 간결한 모양의 식물과 어울린다. 만들기 쉬우면서, 완성하기까지의 시간도 오래 걸리지 않는다.

난이도 ★☆☆

재료 120합 로프 150cm 4개 · 40cm 40개 · 70cm 2개, 13in 화분 1개, 4.5Ø 우드 링 2개

도구 행거, S자 고리, 가위

매듭 랩핑 매듭, 크라운 매듭, 슬립 매듭, 라크스 헤드 매듭

월 행잉 스타일 플랜트 행거

Wall haning style plant hanger

월 행잉처럼 벽면을 장식할 수 있는 플랜트 행거이다. 크기를 작게 만들어 틸란드시아Tillandsia와 같은 에어 플랜트나 잎이 풍성한 식물을 걸어 두면 매우 잘 어울린다. 화분 걸이와 벽 장식이 동시에 가능한 월 행잉 스타일 플랜트 행거는 일석 이조의 인테리어 효과를 얻을 수 있다. 또한 여러 가지 매듭을 활용하여 평면에 다양한 디자인을 시도할 수 있는 것이 장점이다. 단, 화분이 앞으로 기울지 않도록 주의하여 만들어보자.

난이도 ★☆☆

재료 120합 로프 300cm 12개 · 70cm 1개, 14in 화분 1개, 유목 26cm

도구 행거, S자 고리, 가위

매듭 라크스 헤드 매듭, 스퀘어 매듭, 클로브 히치 매듭, 하프 클로브 히치 매듭, 랩핑 매듭

패턴 다이아몬드 패턴

프린지 플랜트 행거

완성하기

1. 우드 링에 150cm 로프 4개를 양쪽으로 나뉘는 길이가 같게 걸어준다.
2. 그 아래 70cm 로프 1개로 랩핑 매듭을 만든다.
3. 2줄씩 4갈래로 나누어, 크라운 매듭을 7cm 길이로 만든다.
4. 크라운 매듭으로부터 25cm 아래에 그림과 같이 슬릿 매듭을 만들어 합친다.
5. 준비한 화분의 폭에 맞도록 ④의 각 매듭에서 로프를 1줄씩 가져와 슬립 매듭으로 합친다.
6. ⑤ 매듭에 연결된 8줄의 로프를 화분의 바닥 위치에 70cm 로프 1개로 랩핑 매듭을 만들어 고정한다.
7. 40cm로 자른 로프들을 라크스 헤드 매듭으로 풍성하게 달아 연출한다.

월 행잉 스타일 플랜트 행거

완성하기

1. 유목에 잘라둔 로프 12개를 모두 라크스 헤드 매듭으로 걸어준다.
2. 양 가장자리 로프 2줄을 제외하고 가운데 로프 10개(20줄)로 스퀘어 매듭을 이용한 역삼각형 패턴을 만든다
3. 맨 가장자리 로프를 중심으로 클로브 히치 매듭을 만든다.
4. 양쪽에서 모인 두 중심 로프는 왼쪽 방향으로 하프 클로브 히치 매듭을 만들어 중앙 부분을 하나로 합친다. 앞으로 중앙에서 만나는 모든 클로브 히치 매듭은 같은 방법으로 합친다.
5. 양 가장자리에서 5번째 로프가 중심 로프가 되어 중앙 방향으로 클로브 히치 매듭을 만든다.
6. ④를 반복하여 중앙에서 선을 합친다.
7. 가장 중앙의 로프를 중심으로 양쪽 가장자리의 로프 4줄를 제외하고 사진과 같이 다이아몬드 패턴을 만든다.
8. 양 가장자리에서 3번째 로프가 중심 로프가 되어 중앙 방향으로 클로브 히치 매듭을 만든다. 다시 ④를 반복하여 중앙에서 선을 합친다.
9. 맨 가장자리부터 스퀘어 매듭으로 ⑧의 아랫면을 사진과 같이 채워준다.
10. 중앙에서 양쪽 대각선 아래 방향으로 클로브 히치 매듭으로 대각선을 만들고, 다시 그 아래 중앙에서 가장자리 로프 3줄을 제외하고 클로브 히치 매듭으로 대각선을 만든다.
11. 화분 넣을 위치를 정하그 양쪽 끝에서 각 2줄씩 화분의 앞쪽 중앙으로 가져와 스퀘어 매듭을 만든다.
12. ⑪의 스퀘어 매듭과 뒤에 놓인 로프 2줄씩 가져와 스퀘어 매듭을 만든다.
13. 맨 아래 부분을 랩핑 매듭으로 감싼다.

WALL HANGING

월 행잉은 마크라메 매듭을 평면으로 배열하여 만드는 벽장식이다. 넓이와 길이를 조절하여 다양한 크기로 벽 장식을 할 수 있는 인테리어 아이템이다. 여러 스타일의 공간에 어울리도록 디자인 변경이 가능하며 따스하고 내추럴한 느낌을 공간에 불어 넣어 독특한 분위기를 자아낼 수 있다. 최근에는 카페, 레스토랑, 포토 스튜디오, 갤러리, 인테리어 숍 등에서 개성 넘치는 마크라메 월 행잉을 종종 만날 수 있다. 월 행잉은 로프의 종류, 굵기, 걸이용 나무의 형태를 바꾸면 비슷한 디자인이라도 다양한 느낌으로 연출이 가능하다. 또한, 여러 겹으로 레이어드 하거나 태슬, 우드볼, 깃털, 링 같은 장신구를 달아 보다 화려한 느낌을 더할 수 있다.

화살 패턴 월 행잉

Arrow pattern wall hanging

아담한 크기의 월 행잉으로 어느 공간에 놓아도 잘 어울리며 손쉽게 인테리어 효과를 낼 수 있다. 3가지의 기본적인 매듭 법을 사용하여 조화롭게 패턴을 만들어 준다. 이번 월 행잉처럼 매듭의 여백이 많은 작품일수록 매듭의 순서가 더욱 중요하다. 당연한 듯 하지만, 매듭의 순서는 위에서 아래로 내려오면서 만들어야 한다는 것을 잊지 말아야 한다.

난이도 ★★☆

재료	푼사(5mm) 240cm 18개, 목봉 30cm 1개
도구	행거, S자 고리, 가위
매듭	라크스 헤드 매듭, 클로브 히치 매듭, 스퀘어 매듭
패턴	화살 패턴

4   5

1

2

6

3

7

8

9

10

11

12

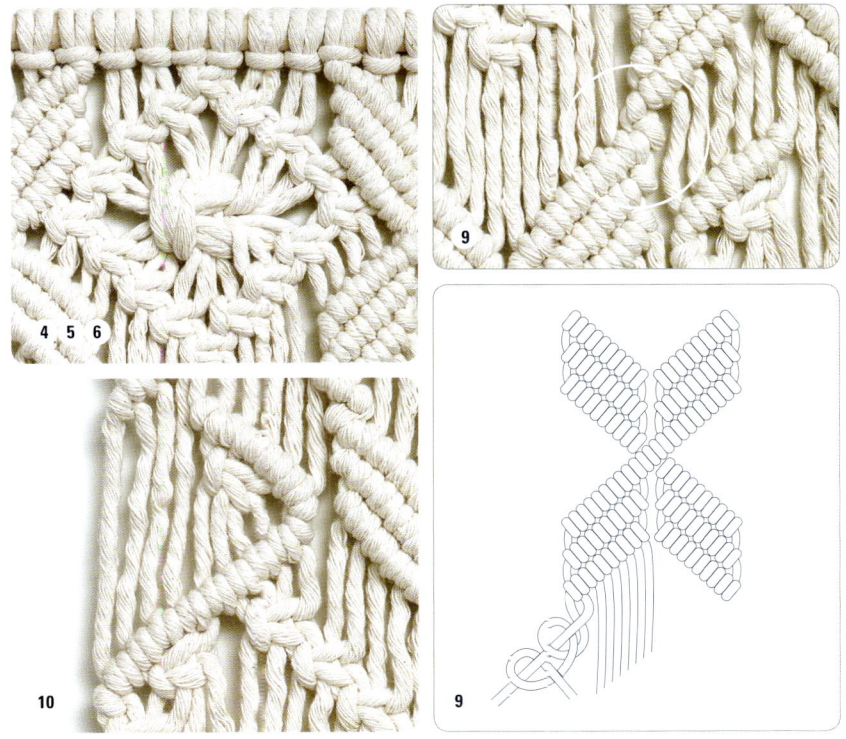

완성하기	1	푼사 18개 모두를 라크스 헤드 매듭으로 목봉에 건다.
	2	양쪽 가장자리의 로프 12줄로 각각 아래로 향하는 화살 패턴을 3열 만들어준다.
	3	화살 패턴은 클로브 히치 매듭으로 합친다. 45쪽 5번 과정 참조.
	4	가장 가운데의 로프 4줄로 스퀘어 매듭을 만든다.
	5	양 옆으로 두 줄씩 더해가며 사선 아래로 스퀘어 매듭을 4개 더 만든다.
	6	위의 스퀘어 매듭들에 연결된 12줄의 로프를 3등분 해 커다란 스퀘어 매듭을 만든다.
	7	그림과 같이 다시 사선으로 스퀘어 매듭을 연결해 마름모 모양을 만든다.
	8	화살 패턴의 아래에 위로 향하는 화살 패턴을 3행 만든다.
	9	화살 패턴이 끝나는 지점에서 또 다른 3행의 화살 패턴이 시작된다.
	10	양 옆의 바깥쪽에서 5번째 줄을 기준으로 클로브 히치 매듭을 만들어 중앙 방향으로 사선을 만들고, 아래에 스퀘어 매듭을 넣은 후, 다시 제일 바깥 쪽까지 사선을 만든다.
	11	사진과 같이 스퀘어 매듭으로 V 패턴을 2개 만든다.
	12	아래 남은 로프를 위의 패턴과 같은 각도로 잘라준다.

액자 형태의 월 행잉

Frame shape wall hanging

중형 사이즈의 월 행잉이다. 같은 패턴을 반복적으로 사용하면서 깔끔하게 마무리한 디자인으로 어떤 공간에 놓아도 모던한 분위기를 연출할 수 있다. 패턴을 단순하게 사용하되 물고기 가시 패턴을 활용하여 입체감을 느낄 수 있게 만들었다. 위와 아래를 모두 목봉으로 마무리한 월 행잉은 끌레드륀느가 맨 처음 선보인 독창적인 디자인이다.

난이도 ★★☆

- **재료**   150합 로프 300cm 32개, 목봉 60cm 2개
- **도구**   행거, S자 고리, 가위
- **매듭**   라크스 헤드 매듭, 교차 히치 매듭
- **패턴**   물고기 가시 패턴

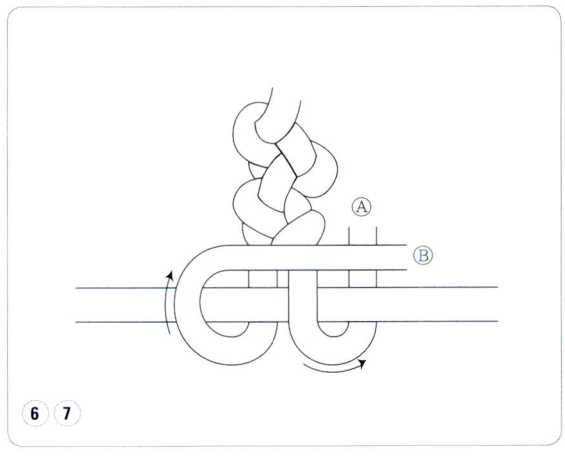 

완성하기
1. 32개의 로프를 반으로 접어 라크스 헤드 매듭으로 목봉에 건다.
2. 왼쪽 방향부터 교차 히치 매듭을 3번 만든다.
3. 로프를 8줄씩 나누어 사진과 같이 물고기 가시 패턴을 만든다.
4. 물고기 가시 패턴 사이마다 물고기 가시 패턴을 만든다.
   반복하여 12행의 물고기 가시 패턴을 만든다.
5. 왼쪽 방향부터 교차 히치 매듭을 3번 만든다.
6. 그림과 같이 목봉에 로프를 연결한다. 앞에서 보았을 때 라크스 헤드 매듭과 같은 모양이 나오도록 한다.
7. 뒤로 돌려 참고 그림에 표시된 Ⓐ와 Ⓑ를 묶어 고정한다.
8. 남은 로프를 깔끔하게 잘라준다.

짜임 무늬 월 행잉

woven pattern wall hanging

원단의 짜임새를 모티브로 활용한 월 행잉으로 반복적인 무늬의 패턴이 안정감을 준다. 스웨터나 등나무 가구에서 보던 익숙하지만 규칙적인 짜임은 공간에 색다른 매력을 선사한다. 매듭 자체나 패턴을 만들기가 어렵지는 않지만, 매듭을 얼마나 정교하고 섬세하게 만들 수 있느냐가 짜임 무늬 월 행잉의 중요한 포인트이다.
목봉 대신 내추럴한 형태의 유목을 사용하여 단조로운 느낌에 변화를 주었다.

난이도 ★★☆

재료　　150합 로프 480cm 34개　유목 72cm 1개
도구　　행거, S자 고리, 가위
매듭　　라크스 헤드 매듭, 스퀘어 매듭, 스위치 스퀘어 매듭, 클로브 히치 매듭

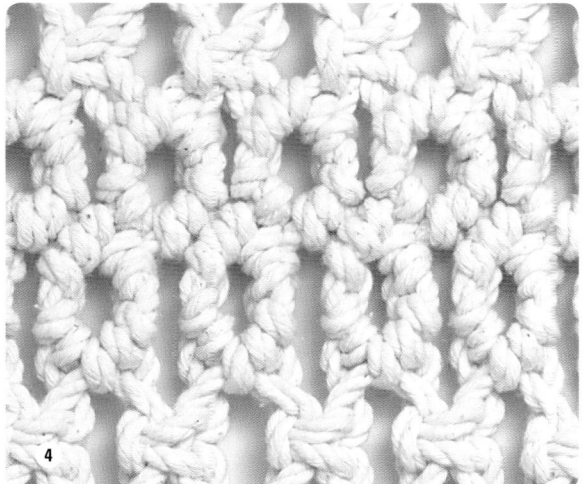

1 34개의 로프를 모두 라크스 헤드 매듭으로 유목에 건다.
2 스퀘어 매듭을 가로로 1행 만든다.
3 사진과 같이 일정한 간격을 두고 스위치 스퀘어 매듭을 4행 만든다.
4 왼쪽부터 4개의 로프로 작은 마름모 모양을 만든다. 마름모의 크기가 워낙 작기 때문에 자연스럽게 사진처럼 타원형으로 만들어진다. 반복하여 작은 타원형의 패턴을 2행 만든다.
5 그 아래에 스위치 스퀘어 매듭을 4행 만든다.
6 작은 타원을 5행 만든다.
7 스위치 스퀘어 매듭을 4행을 만든다.
8 아래 로프를 균형 있게 잘라준다.

보헤미안 월 행잉

Bohemian wall hanging

'마크라메'라고 하면 보헤미안 무드의 인테리어가 제일 먼저 떠오른다. 이번에 만들어 볼 월 행잉은 우드나 라탄 소재의 가구 또는 패브릭 아이템과 아주 잘 어울린다. 여러 겹의 레이어드와 풍성한 술이 매력적이며 푼사로 만들었기 때문에 매듭과 늘어진 로프의 고양새가 매우 특별하다. 푼사는 정성스럽게 빗질을 하면 할수록 풍성하고 아름다운 작품으로 완성된다.

난이도 ★★★

재료	푼사(7mm) 300cm 18개 · 160cm 40개 · 390cm 10개 · 460cm 6개 · 50cm 20개 · 40cm 32개 · 190cm 2개 · 유목 72cm 1개
도구	행거, S자 고리, 가위, 빗
매듭	라크스 헤드 매듭, 3줄 땋기, 스퀘어 매듭
패턴	다이아몬드 패턴

완성하기	1	유목의 중앙 부분에 푼사 300cm 18개를 라크스 헤드 매듭으로 건다.
	2	그 양 옆으로 푼사 160cm 1개를 그림과 같이 라크스 헤드 23쪽 참조 매듭으로 건다.
	3	②에 160cm 푼사 19개를 라크스 헤드 매듭으로 건다.
	4	양끝 6줄의 로프는 55cm 길이의 3줄 땋기를 만들고 아래를 묶어 고정한다.
	5	①과 ②사이에 스퀘어 매듭을 만들어 채운다.
	6	390cm 푼사를 양 옆에 각각 5개씩 건다.
	7	사진과 같이 다이아몬드 패턴을 양쪽에 각각 4개씩 만든다.
	8	다이아몬드 패턴을 스퀘어 매듭으로 연결한다.
	9	그 아래를 스퀘어 매듭으로 역삼각형 패턴을 만든다.
	10	460cm 6개를 양 옆에 라크스 헤드 매듭으로 각각 3개씩 건다.
	11	⑩의 푼사로 사진과 같이 아래가 두 겹인 다이아몬드 패턴을 6개씩 이어 만든다.

12 ⑪ 아래의 안쪽 로프 3줄로는 스퀘어 매듭을 12개 단든다.

13 ⑫의 양쪽에 있는 스퀘어 매듭은 사진과 같이 다이아몬드 패턴으로 합쳐 레이어드를 만든다.

14 ⑫의 스퀘어 매듭 사이마다 50cm 로프를 라크스 헤드 매듭으로 연결하여 장식한다. 왼쪽 10개, 오른쪽 10개

15 ⑪ 아래의 바깥쪽 로프 6줄로는 3줄 땋기를 20cm 만들고 아래를 묶는다.

16 40cm 풍사 32개를 다이아몬드 패턴의 가장자리에 4개씩 라크스 헤드 매듭으로 연결하고, 빗으로 빗어서 풍성하게 연출한다.

17 190cm 풍사를 라크스 헤드 매듭 23쪽 참조 로 그림과 같이 연결한다.

18 160cm 20개를 ⑮의 뒷면에 각 10개씩 양쪽 모두 건다.

19 밑단을 자른다.

20 프린지를 빗어 정리한다.

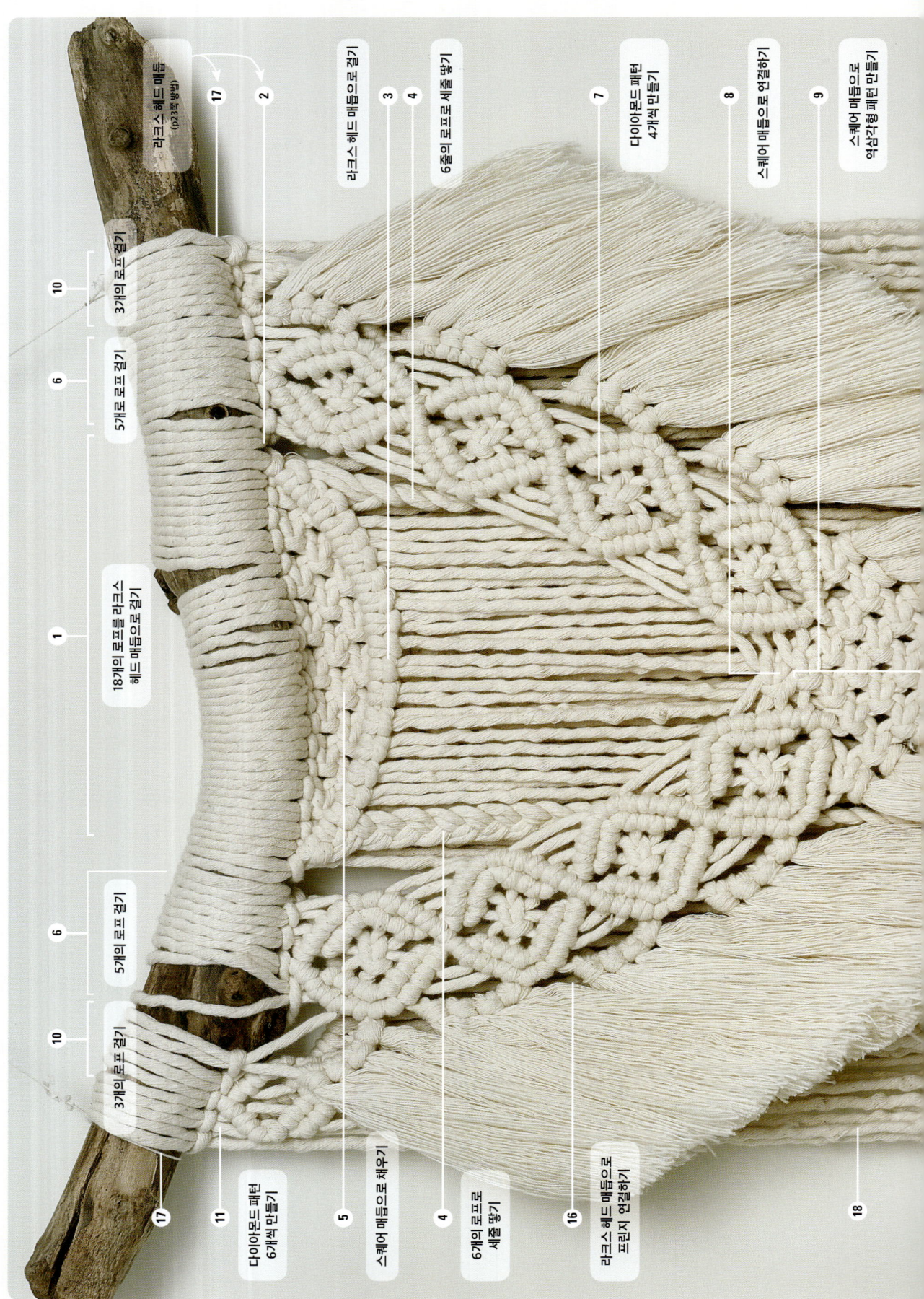

15 6줄이 로프로 세줄 땋기
12 3줄이 로프로 스퀘어 매듭 12개 만들기
13 다이아몬드 패턴으로 양쪽 패턴 합치기
20
14 라크스헤드 매듭으로 프린지 연결하기
19 밑단 자르기

GARLAND

'가랜드'는 결혼식이나 생일 같은 특별한 날을 위해 공간을 꾸밀 때 시선이 집중되는 곳에 많이 걸어둔다. 마크라메 가랜드는 침실 특히, 키즈 룸에 걸어 두면 포근하고 안락한 분위기를 만들어내기 때문에 일상적인 인테리어 아이템으로 쓰기에도 좋다. 집에서 사용한다면 크고 작은 창가나 침대 헤드에 걸어 두면 좋다. 이번에 만들어볼 가랜드는 목봉 대신 로프 위에 로프를 걸어 만드므로 곡선이 되는 지지대 위에 매듭 만드는 연습을 하기에도 좋다. 같은 패턴을 6번 반복하여 이어준 디자인으로 심플하지만 세련된 분위기를 연출할 수 있다. 패턴이 반복되는 회수를 줄이거나 더해서 자유롭게 폭을 조절 할 수 있다.

난이도 ★★☆

재료	면 로프 150합 200cm 1가 · 300cm 84개
도구	행거, S자 고리, 가위
매듭	라크스 헤드 매듭, 스퀘어 매듭, 클로브 히치 매듭

완성하기	1	200cm 로프 양 끝에 300cm 로프 84개를 라크스 헤드 매듭으로 건다.
	2	14개의 로프가 하나의 역삼각형 패턴이 된다. 14개의 로프 중 가운데 12개의 로프로 그림과 같이 스퀘어 매듭으로 패턴을 만든다.
	3	②에서 양 옆의 가장 바깥 쪽의 로프를 중심 로프로 두고 중앙 방향으로 클로브 히치 매듭을 만든다. 스퀘어 매듭의 아래 면에 밀착시켜 만들도록 한다.
	4	③을 반복한다.
	5	두 개의 역삼각형 패턴 사이에 14줄의 로프를 사용해 다이아몬드 패턴을 만들 것이다.
	6	먼저 각 7줄의 로프로 중앙에서 바깥 방향으로 클로브 히치 매듭을 만든다.
	7	그림과 같이 로프의 순서를 바꾸어 다이아몬드 패턴의 아래 면을 만든다. 가장 안쪽의 로프부터 매듭을 만든다.
	8	그 아래 사진과 같이 클로브 히치 매듭으로 장식한다.
	9	남은 로프를 잘라 정리한다.

LAMP

전구를 중앙에 넣어 실제 조명으로 사용할 수 있는 마크라메 램프이다. 아래로 자연스럽게 떨어지는 로프의 폭과 길이를 다르게 하여 완성된 레이어드 스타일은 끌레드륀느 스튜디오의 시그니처 디자인이다. 램프로 사용하지 않더라도 작품 자체만으로 공간에 큰 힘을 주는 훌륭한 인테리어 소품이다. 공간의 코너나 테이블 위, 침대 옆에 걸어두면 색다른 분위기를 연출할 수 있다.

난이도 ★★★

재료 면 로프 120합 450cm 12개 · 300cm 12개 · 230cm 24개 · 65cm 16개 · 80cm 33개, 금속링 골드 18Ø 2개 · 30Ø 2개

도구 행거, S자 고리, 가위

매듭 스퀘어 매듭, 크라운 매듭, 탭핑 매듭, 클로브 히치 매듭, 라크스 헤드 매듭, 스파이럴 매듭, 반대 라크스 헤드 매듭, 스위치 스퀘어 매듭

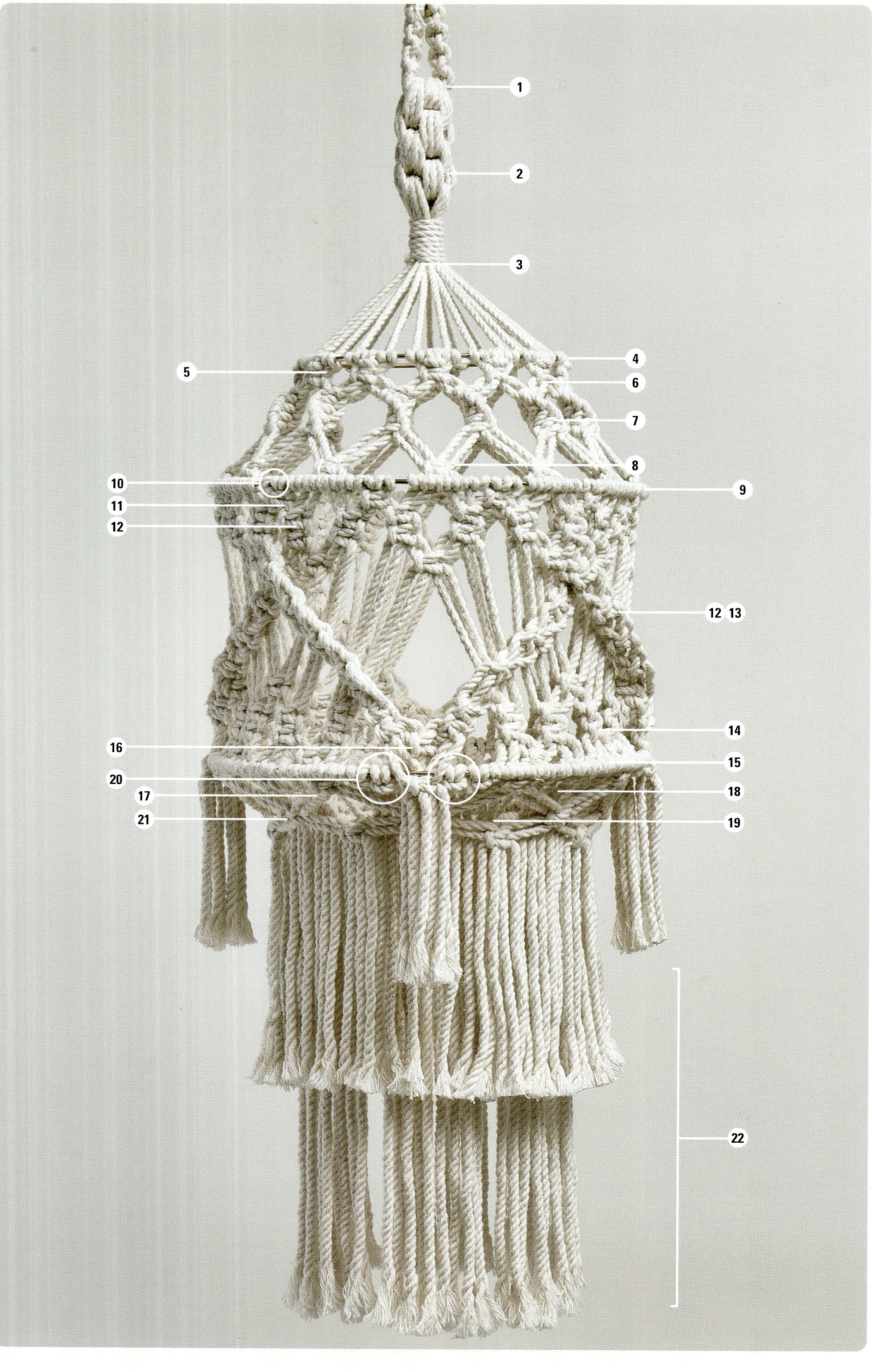

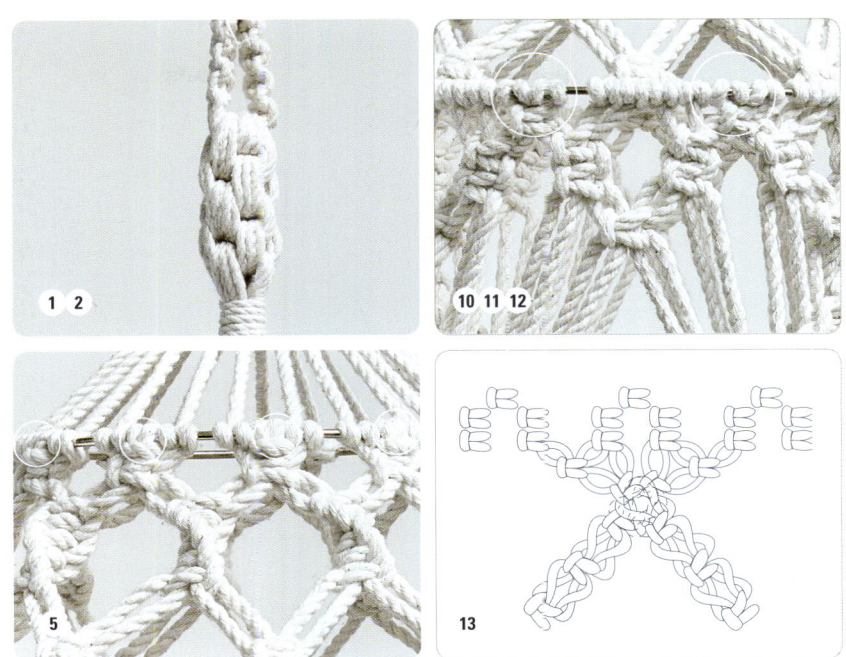

완성하기	1	450cm 로프 6개를 다같이 잡고 중앙 부분에 스퀘어 매듭을 8개 만든다.
	2	스퀘어 매듭의 양끝에 450cm 로프 6개를 더해 크라운 매듭을 4번 만든다.
	3	80cm 로프 1개로 ②의 아래를 랩핑 매듭으로 단단히 묶는다.
	4	③의 10cm 아래 지점에 그림과 같이 클로브 히치 매듭을 사용하여 18Ø크기의 링을 연결한다. 60쪽 3번 과정 참고
	5	300cm 로프 12개를 18Ø크기의 링에 매듭 사이, 하나 건너 하나씩 라크스 헤드 매듭으로 건다.
	6	새로 로프를 걸어준 부분에 스퀘어 매듭을 한 개씩 만든다.
	7	스퀘어 매듭 사이에 1.5cm 간격을 남기고, 하프 스퀘어 매듭이 6개 더해진 스파이럴 매듭을 만든다. 25쪽 3번 과정 참고
	8	그 아래 3.5cm 간격을 두고 교차로 스퀘어 매듭을 하나씩 만든다.
	9	30Ø 크기의 링을 클로브 히치 매듭으로 연결한다.
	10	24개의 230cm 로프를 30Ø 링의 매듭 사이마다 2개씩 반대 라크스 헤드 매듭으로 건다.
	11	⑩의 새로 걸어준 로프들로 스퀘어 매듭을 한 개씩 만든다.
	12	⑪ 매듭의 양쪽 아래로 스퀘어 매듭을 2개 만든다.
	13	그림과 같이 스위치 스퀘어 매듭으로 벨트 패턴을 만든다. 벨트 패턴 2개가 X자 모양을 만들고, 각 패턴이 마주보도록 총 4개를 만든다.

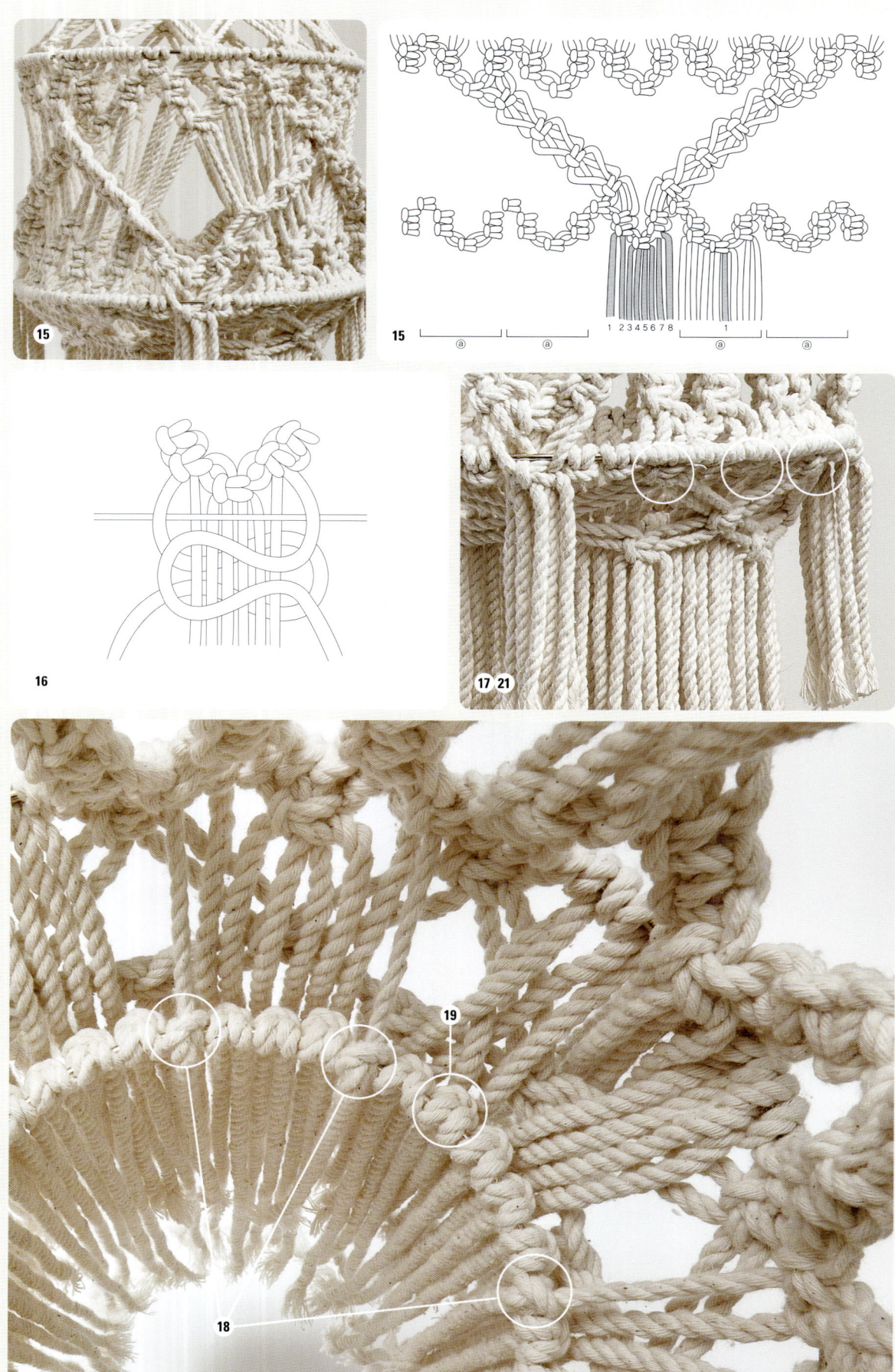

14 X자로 교차시켜 놓은 상태에서 그 아래 로프들을 차례로 연결해 사진과 같은 패턴을 만든다. X자 패턴의 아래 부분이 연결이 헷갈릴 수 있으니 주의하세요.

15 합쳐진 X자 패턴의 아래 부분(로프 8줄)과 맨 아래 행의 스퀘어 매듭에서 로프를 하나씩 제외하고, 30Ø 크기의 링에 연결한다.

16 ⑮에서 제외한(1,2,3,4,5,6,7,8) X자 패턴의 아래 부분을 그림과 같이 30Ø 크기의 금속 링에 연결한다.

17 30Ø 금속 링 아래 X자 패턴 사이에는 14개의 로프가 있다. 사진과 같이 매듭 사이에 로프를 한 개씩 건너 띄고 총 3개 스퀘어 매듭을 만든다. 네 부분 모두 동일하게 만든다.

18 ⑮에서 제외한 8개의 로프들로 18Ø크기의 금속 링을 안쪽에서 연결한다.

19 연결한 18Ø 크기의 금속 링에 80cm 32개의 로드를 라크스 헤드 매듭으로 건다.

20 94쪽 사진과 같이 65cm 로프 16개를 30Ø크기의 금속 링 빈 공간에 2개씩 라크스 헤드 매듭으로 건다.

21 ⑰ 아래 각 매듭에서 2개씩 가져와 윗 열의 매듭보다 사이의 간격이 좁게 교차 스퀘어 매듭을 2행 만든다.

22 로프를 사진과 같이 3단으로 잘라 정리한다.

21

WREATH

마크라메 리스는 보헤미안 무드가 물씬 풍기는 원형의 독특한 벽 장식 아이템이다. 여름의 느낌이 강하지만 다양한 컬러의 로프를 사용하면 여러 가지 색다른 분위기의 리스를 만들어 낼 수 있다. 겨울에는 크리스마스에 어울리는 빨강과 초록 로프로 만들어보고, 여름에는 시원한 느낌의 마 로프를 사용하여 만들어도 잘 어울린다. 균형 잡힌 형태로 리스를 완성하기 위해서는 링과 링 사이의 매듭이 늘어지지 않도록 만드는 것이 중요하다.

난이도 ★★☆

재료	면 로프 120합 230cm 12개 · 150cm 24개 · 120cm 9개 · 50cm 36개, 금속 링 골드 3Ø 1개 · 13Ø 1개 · 18Ø 1개 · 30Ø 1개
도구	빗, 울 바늘, 가위
매듭	반대 라크스 헤드 매듭, 스퀘어 매듭, 클로브 히치 매듭, 버블 매듭, 교차 클로브 히치 매듭

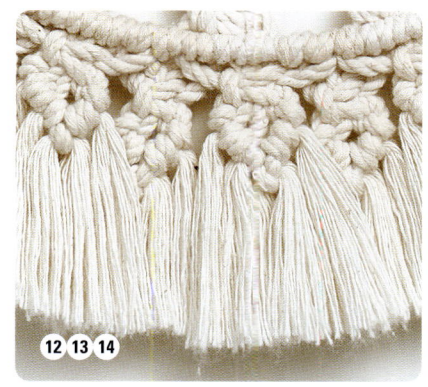
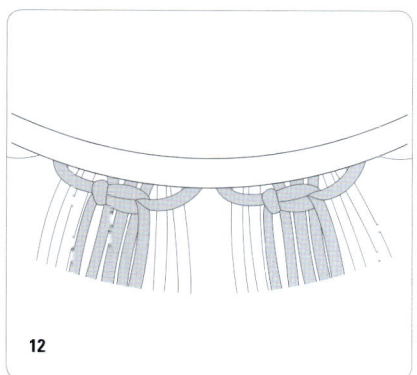

완성하기	1	3∅ 크기의 금속 링에 12개의 230cm 로프를 반대 라크스 헤드 매듭으로 건다.
	2	링 바깥쪽에 사진과 같이 스퀘어 매듭을 둘러 만든다.
	3	매듭 사이마다 스퀘어 대듭을 1개씩 만들고, 다시 그 매듭 사이마다 스퀘어 매듭을 연속으로 2개씩 붙여 만든다.
	4	13∅의 금속 링에 모든 로프를 클로브 히치 매듭으로 연결한다.
	5	150cm 로프 24개를 13∅의 금속 링 매듭 사이마다 4개씩 반대 라크스 헤드 매듭으로 걸어준다.
	6	버블 매듭과 스퀘어 매듭 1½을 번갈아가면서 만든다. 버블 매듭을 만들 때는 돗바늘을 사용한다.
	7	금속 링 18∅에 모든 로프를 클로브 히치 매듭으로 연결한다.
	8	⑦의 금속 링 18∅에 120cm 로프 9개를 버블 매듭 오른쪽 아래에 1개씩 반대 라크스 헤드 매듭으로 건다.
	9	금속 링 18∅ 바깥쪽에 6줄의 로프로 스퀘어 매듭 3개, 4줄의 로프로 교차 클로브 히치 매듭을 둘러 만든다.
	10	30∅의 금속 링에 모든 로프를 클로브 히치 매듭으로 연결한다.
	11	50cm 로프 36개를 30∅의 금속링 매듭 사이마다 2개씩 반대 라크스 헤드 매듭으로 걸어준다.
	12	그림과 같이 5줄의 로프로 중간 로프들을 4개 저 외하고 스퀘어 매듭을 둘러 만든다.
	13	제외했던 로프들로 스퀘어 매듭을 둘러 만든다.
	14	스퀘어 매듭 아래에 클로브 히치 매듭으로 V패턴을 둘러 만든다.
	15	남은 모든 로프들을 반듯하게 원형으로 자르고, 빗으로 꼼꼼히 빗는다.

TASSEL

마크라메 태슬은 활용도가 매우 높은 작품이다. 태슬은 가방에 달아 장식으로도 사용하며, 열쇠고리, 귀걸이, 목걸이 등 다양한 액세서리로도 사용할 수 있다. 여러 개의 태슬을 벽에 걸어 두면 인테리어 소품으로도 활용할 수 있다. 태슬의 바깥 부분에는 다양한 패턴을 응용해서 완성할 수 있다. 비슷한 듯 보이지만 하나씩 남다른 개성을 가진 독특한 소품을 만들 수 있으므로 선물용으로도 매우 인기있는 마크라메 아이템이다.

난이도 ★☆☆

재료	푼사 30cm 10개 · 면사(2㎜) 60cm 1개 · 50cm 13개 · 40cm 2개 · 25cm 1개
도구	돗바늘, 가위
매듭	스파이럴 매듭, 랩핑 매듭, 타크스 헤드 매듭, 버블 매듭, 스퀘어 매듭

완성하기   1   면사(2mm) 25cm를 중심에 두고, 40cm 2개를 양쪽으로 놓고 스파이럴 매듭을 17cm 길이로 만든다.

2   ①을 반으로 접고 두 매듭의 끝 부분을 랩핑 매듭으로 합친다.

3   ②의 아래 남은 로프들르 푼사 30cm 10개의 중앙 지점을 감싸 묶는다.

4   면사(2mm) 60cm에 면사 50cm 13개를 라크스 헤드 매듭으로 건다.

5   ④로 ③의 푼사 주위를 감싸 묶는다. 감싸 묶은 60cm의 로프를 포함하여 2mm 면사는 총 28가닥이 됩니다

6   28줄의 면사로 버블 매듭 7개를 만든다. 돗바늘을 사용한다.

7   그 아래 교차로 2행의 스퀘어 매듭을 만든다.

8   아래 로프를 가위로 잘라 정리한다.

DREAM CATCHER

드림캐처는 나쁜 꿈을 걸러주고 좋은 꿈을 꾸게 해준다는 이야기를 갖고 있는 인테리어 소품이다. 그물, 깃털 등으로 만들던 아메리카 원주민 방식에서 벗어난, 현대적인 디자인의 마크라메 드림캐처를 만들어보자. 드림캐처의 고유한 형태를 살려 매듭을 많이 넣지 않고도 멋진 작품을 만들어 낼 수 있다. 중요한 것은 매듭의 배열과 간격이다. 여기서 배운 방법을 응용하면 자신만의 개성이 담긴 디자인 드림캐처를 만들어 볼 수 있다.

난이도 ★☆☆

재료	금속 링 18Ø 1개 · 30Ø 1개, 푼사(2mm) 150cm 1개 · 75cm 2개 · 10cm 3개 · 65cm 11개, 우드 볼 3개
도구	행거, S자 고리, 가위
매듭	클로브 히치 매듭, 반대 라크스 헤드 매듭, 하프 히치 매듭, 한 방향 하프 히치 매듭

완성하기

1. 푼사 150cm 1개를 반으로 접어 2cm 지점에 매듭을 지어 고리를 만든다.
2. ① 아래에 우드 볼 3개를 끼운다.
3. 2개의 푼사 모두 클로브 히치 매듭으로 금속 링 30Ø와 18Ø에 차례로 연결한다.
4. 푼사 10cm 3개를 18Ø링의 아래 부분에 반대 라크스 헤드 매듭으로 건다.
5. 그 양 옆에 푼사 75cm 2개를 반대 라크스 헤드 매듭으로 건다
6. ③의 푼사 2개와 ⑤의 푼사 2개를 간격을 유지하며 30Ø 링에 클로브 히치 매듭으로 연결한다.
7. 푼사 65cm 11개를 그림으로 표시된 위치와 갯수로 반대 라크스 헤드 매듭으로 걸어준다.
8. ⑦의 푼사를 그림과 같이 하프 히치 매듭을 양 방향으로 만든다.
9. 30Ø 링 아래의 28개의 푼사가 있다. 각 4개씩 나누어 한 방향 하프 히치 매듭으로(2회) 링과 최대한 가깝게 묶는다.
10. 가위로 잘라 길이를 정리한다.

TABLE RUNNER

마크라메 테이블 러너는 좀처럼 보기 힘든 개성 있는 테이블 웨어입니다. 웨딩을 비롯한 다양한 파티에 장식으로 활용하기 좋으며 일상 생활에서도 실용적이며 아름답게 사용할 수 있는 테이블 및 인테리어 소품입니다. 마크라메 테이블 러너는 초록색 식물, 여러 가지 꽃, 촛대나 양초 등과 대우 잘 어울립니다. 실내에서 뿐만 아니라 야외 캠핑장에서 사용하기도 편리하며 나만의 감성을 돋보이게 할 훌륭한 아이템입니다. 처음에는 로프의 길이가 길어서 매듭을 만들기 다소 어렵게 느껴질 수 있지만 매듭을 만들어 갈수록 로프 길이가 짧아지므로 작업이 점점 수월해 집니다.

난이도 ★★☆

재료 120합 로프 750cm 20개 · 목봉 60cm 1개
도구 행거, S자 고리, 가위, 줄자
매듭 라크스 헤드 매듭, 클로브 히치 매듭, 스퀘어 매듭

완성하기   1   60cm 길이의 목봉에 12겹합 로프 750cm 20개를 반 접어서 라크스 헤드 매듭으로 걸어준다.

2   40cm 밑에 클로브 히치 매듭으로 사진과 같이 Ⓐ-Ⓑ-Ⓒ 순서로 되도록 대각선을 붙여 패턴을 만든다. 이 패턴은 매듭의 순서가 중요하다. 매듭의 순서는 항상 위의 매듭을 먼저 만들고 아래의 매듭을 나중에 만들어야 한다.

3   사진과 같이 Ⓓ-Ⓔ-Ⓕ-Ⓖ-Ⓗ 순서로 다이아몬드 패턴을 연결한다. 다이아몬드 패턴의 중앙 스퀘어 매듭은 6개의 로프로 만든다.

4   윗 부분의 매듭을 먼저 만들어야 하는 것을 명심하면서 사진과 같은 패턴을 점선 부분까지 만든다.

5   중앙의 큰 다이아몬드 패턴의 윗 대각선은 바깥 쪽의 매듭이 높기 때문에 바깥쪽에서부터 중앙으로 매듭을 만든다. 사진 속 Ⓘ-Ⓙ-Ⓚ-Ⓛ-Ⓜ 순서를 따라한다.

6   중앙의 큰 다이아몬드 패턴의 아래 대각선은 중앙 부분의 매듭이 높기 때문에 중앙에서 바깥쪽으로 매듭을 만든다. 사진의 Ⓝ-Ⓞ-Ⓟ 순서와 화살표 참고하여 만든다.

7   점선을 중심으로 윗 부분과 아랫 부분은 대칭으로 만든다.

8   모든 패턴을 만든 후 위의 로프를 잘라 목봉과 분리한다.

9   아래의 남은 로프는 윗 부분과 같은 길이로 잘라 정리한다.

CUSHION COVER

마크라메를 배우게 되면 실생활에서 활용 가능한 인테리어 소품을 손수 만들 수 있다. 만들기 간단하면서 실내 장식에 힘을 실어 줄 수 있는 소품을 꼽자면 마크라메 쿠션 커버가 제일 먼저 떠오른다. 포인트로 프린지가 흐르는 쿠션을 소파 위나 침실에 둔다면 따뜻하면서도 율동감 있는 분위기를 연출할 수 있다. 이번 작품은 완성된 쿠션 위에 마크라메 장식을 만들어 따로 바느질을 하여 완성하는 것으로 초보자도 따라하기 쉽다.

난이도 ★☆☆

재료	장식 한 개당 120합 로프 80cm 1개 · 65cm 38개
도구	가위, 바늘, 실
매듭	라크스 헤드 매듭, 클로브 히치 매듭, 스퀘어 매듭, 교차 히치 매듭
패턴	다이아몬드 패턴

완성하기	1	120합 로프 80cm 1개에 65cm 로프 38개를 라크스 헤드 매듭으로 걸어준다.
	2	사진에 표시된 부분 ②, ③의 로프를 2줄씩 제외하고 나머지 모든 로프들로 스퀘어 매듭을 3개 연결한 역삼각형 패턴을 만든다. 이때 ①의 80cm 로프도 포함하여 만든다.
	3	②의 2줄로 교차 히치 매듭을 5회 만든다.

4 그 아래에 양 옆의 스퀘어 매듭에서 로프를 1줄씩 가져와 ②의 2줄과 스퀘어 매듭을 3개 연속해서 만든다.

5 사진의 각 ③의 부분에 로프 10개로 다이아몬드 패턴을 한 개씩 만든다.

6 아래 남은 로프를 가지런하게 자른다.

7 쿠션에 마크라메 장식을 달 위치를 정하고 바느질로 연결한다.

CHAIR DECORATION

밋밋하거나 낡은 의자를 로맨틱하게 변신 시킬 수 있는 마크라메 의자 장식이다. 마크라메를 주제로 한 웨딩이나 다양한 행사 등에서 가랜드, 대형 백드롭과 함께 자주 사용되는 소품이다. 크기는 작지만 정성이 많이 들어가는 작품이다. 내추럴한 분위기를 연출해야 하는 자리라면 어디든 그 목적에 맞게 두루 활용할 수 있는 특별한 아이템이다.

난이도 ★★☆

재료	의자, 푼사(8mm) 230cm 1개 · 300cm 30개 · 100cm 60개
도구	가위
매듭	클로브 히치 매듭, 라크스 헤드 매듭, 스퀘어 매듭, 스파이럴 매듭
패턴	다이아몬드 패턴

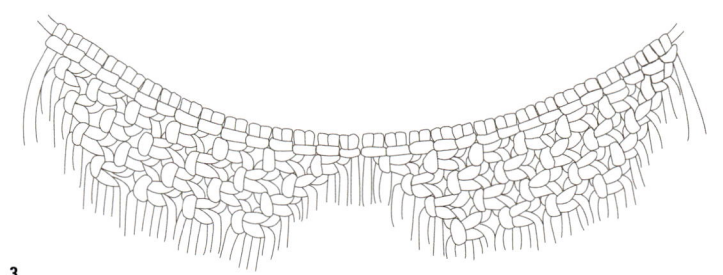

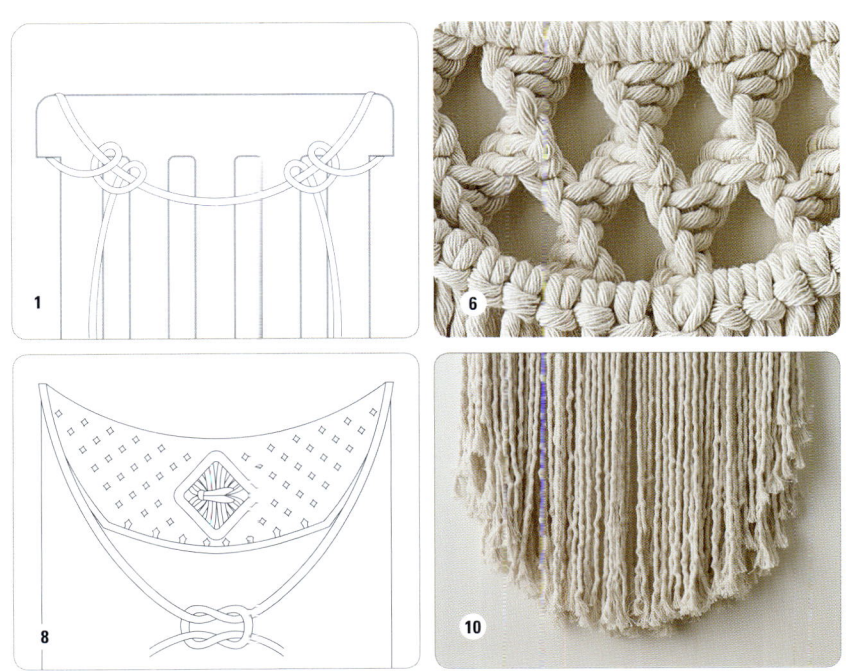

완성하기

1. 230cm 푼사를 등받이 양쪽에 클로브 히치 매듭으로 고정한다.
2. 푼사 300cm 30개를 ①의 늘어진 부분에 라크스 헤드 매듭으로 건다.
3. 중앙에 다이아몬드가 들어갈 부분을 남겨두고 그림과 같이 스퀘어 매듭을 만든다.
4. 다이아몬드 패턴을 모두 완성한 다음 나머지 부분에는 스퀘어 매듭을 채운다.
5. 스퀘어 매듭 양 쪽 가장자리의 로프가 기준이 되어, 클로브 히치 매듭으로 선을 둘러 만든다.
6. 하프 스퀘어 매듭 23쪽 3번 과정 참고 6번으로 이루어진 스파이럴 매듭을 7개 만든다.
7. 스파이럴 매듭 사이마다 다시 스파이럴 매듭을 채워 만든다.
8. 그림과 같이 두 로프를 중앙에서 묶어 합친다.
9. ⑧의 늘어진 로프에 푼사 100cm 60개를 라크스 헤드 매듭으로 걸어준다.
10. 곡선으로 잘라 길이를 정리한다.

BEACH CHAIR

한 가지 매듭단으로도 덧진 패턴을 완성 할 수 있는 마크라메 비치 체어. 이 책에서 사용한 이케아 의자 프레임이 없다면 다른 의자 프레임을 활용하여 만들어 볼 수 있다. 마크라데로 만들어진 비치 체어는 바닷가 뿐만 아니라 캠핑 등 모든 야외 활동에 잘 어울리며 탄탄하고 편안하여 활용도가 높다. 무엇보다 어디에 놓아도 시선을 끄는 매력적인 아이템이다.

난이도 ★★★

재료	면 로프 150합 750cm 30개,
	의자 틀 (폭 60·깊이 99·늪이 80cm, 이케아 MYSINGSO 터쿼이즈 203.895.23)
도구	가위
매듭	라크스 헤드 매듭, 스퀘어 매듭

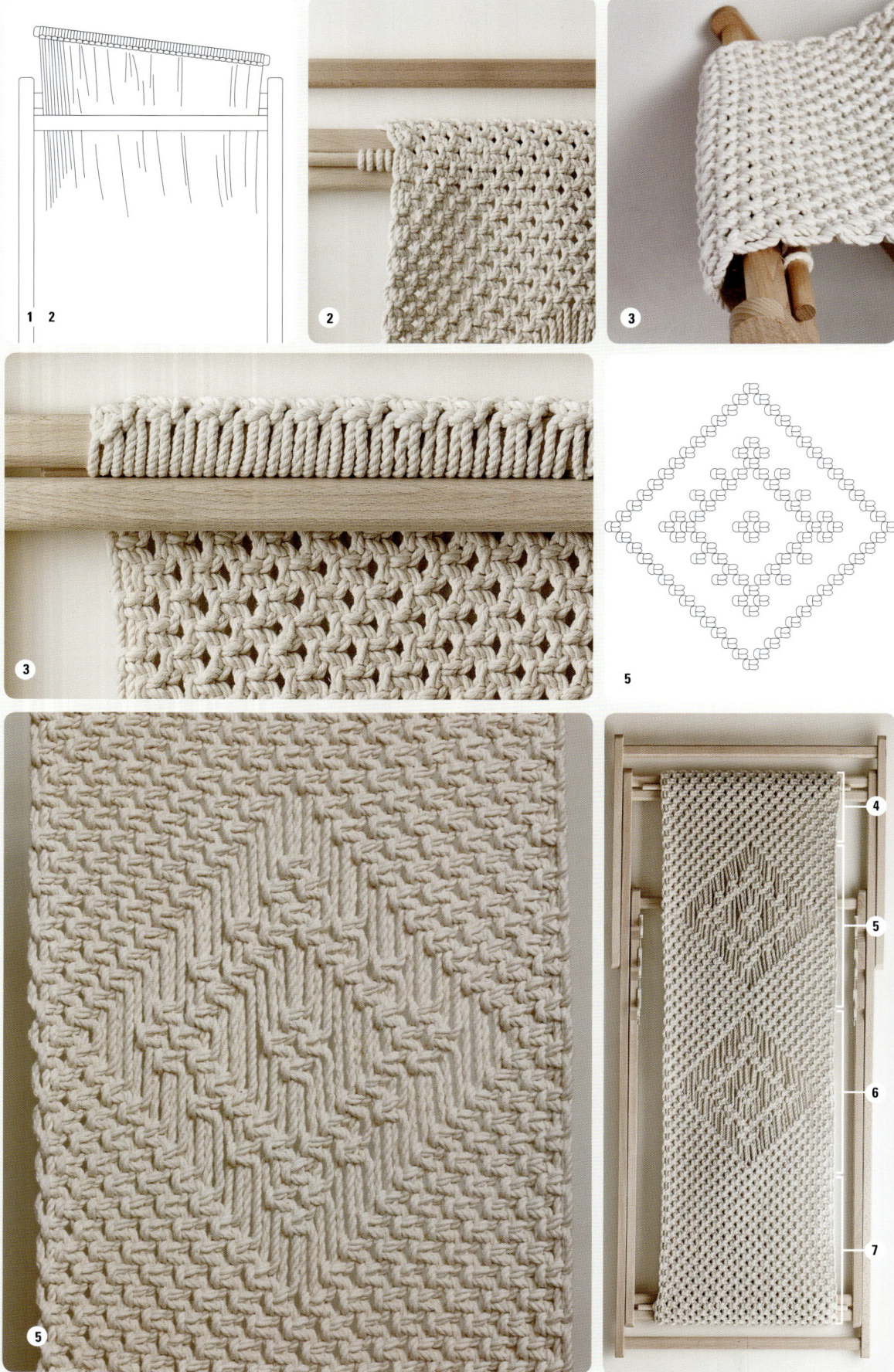

완성하기	1	의자 틀에 포함된 목봉에 750cm 면 로프를 라크스 헤드 매듭으로 걸어준다.
	2	걸어준 로프의 아래 부분을 그림과 같이 의자 등받이 시작 부분의 틈에 끼워 넣는다.
	3	사진과 같이 로프들을 등받이 앞쪽으로 가져와 매듭을 시작한다.
	4	교차로 스퀘어 매듭을 14열 만든다.
	5	그림과 같은 패턴을 만든다. 이때 매듭의 순서는 항상 위에서 아래 임을 생각하며, 한 열씩 패턴을 채워나간다.
	6	패턴을 2개 만든다. 패턴 사이에 스퀘어 매듭을 3열 만들어 간격을 둔다.
	7	⑥ 아래에 스퀘어 매듭을 30열 만든다.
	8	남은 로프들은 의자 받침 부분 틈에 아래에서 윗 방향으로 끼워 넣는다.
	9	끼워 넣은 로프들을 목봉에 단단하게 묶는다.
	10	남은 로프를 짧게 잘라 정리한다.

AFTER CLASS

마크라메 북클래스 Q&A

Q 로프의 굵기는 어떤 것을 사용하나요?

A 마크라메를 만들기 좋은 굵기의 로프는 따로 정해져 있지는 않습니다. 같은 크기의 작품을 만든다고 가정했을 때 얇은 로프로 만들 때는 더 많은 수의 매듭이 들어갈 것이고, 굵은 로프로 만들수록 적은 수의 매듭이 들어가겠죠. 굵은 로프는 짧은 시간에 작품을 완성하기에 좋고, 강렬한 느낌을 낼 수 있어요. 얇은 로프는 정교한 작품을 만들 수 있고, 빛을 받으면 느낌이 살아나기에 커튼을 만들기 좋아요. 저는 120합, 150합 굵기의 로프를 주로 많이 사용하지만 작품에 따라서 다양한 굵기의 로프를 사용합니다.

Q 로프의 종류는 어떤 기준으로 선택하나요?

A 이 책에서 소개한 로프 외에 어떠한 로프라도 마크라메에 사용할 수 있어요. 로프의 질감은 사진으로는 온전히 느끼기 어려우니 직접 시장에 가서 눈으로 보고 만져 본 다음 선택하길 권해요. 소품과 재료를 파는 시장을 돌아다니다 보면 생각지도 못했던 좋은 재료를 구할 수도 있고 덕분에 기발한 아이디어가 떠오르기도 한답니다.

Q 로프의 길이는 어떻게 정하나요?

A 처음 작품을 만들 때는 생각한 것보다 로프를 훨씬 길게 잘라 시작하세요. 대신 로프의 길이를 적어 두고, 작품을 완성한 다음 재단하는 길이를 재어 시작한 길이에서 빼 보세요. 그럼 작품에 들어간 로프의 길이를 알 수 있어요. 마크라메에 익숙한 사람이라도 처음 생각대로 작품을 만드는 경우는 거의 없어요. 머릿속으로 그려 본 것과 다르게 나오기도 하고 중간에 새로운 아이디어가 생겨 디자인을 바꾸기도 하지요. 매듭을 만드는

힘에 따라서 필요한 로프 길이의 차이도 아주 크죠. 될 수 있으면 익숙하지 않은 작품을 할 때는 로프를 여유롭게 준비하는 것이 좋아요.

Q 마크라메 재료는 어디서 구하나요?
A 마크라메 재료는 동대문 종합시장에 가면 다양하게 구할 수 있어요. B동 지하1층 위주로 둘러보세요. 마크라메의 재료는 정답이 없기 때문에 본인이 원하는 실과 여러 가지 부재료를 마음껏 조화시켜 만들 수 있어요. 시간이 날 때마다 동대문 같은 재료 상을 둘러보면 작품의 영감을 얻기도 하죠.

Q 컬러 로프는 어떻게 구하나요?
A 컬러 로프는 시장에서 쉽게 구할 수 있어요. 단, 시간을 두고 미리 구입해 두는 것이 좋아요. 재고가 없는 컬러 로프는 샘플을 보고 염색을 요청하면 보통 3~4일 후에 받을 수 있습니다. 컬러 샘플 스위치에 없는 염색은 비용이 많이 들고 한 번에 3타래만 염색이 가능해요. 어떤 작가들은 직접 염색을 하기도 하고, 염색한 로프를 판매하기도 해요. 저의 경우는 컬러 로프도 사용해 보았지만 현재는 자연 그대로인 면사를 가장 즐겨 사용해요.

Q 매듭의 높이 맞추기가 어려워요.
A 수업을 하다 보면 가장 어려워하는 부분이 바로 매듭의 높이 즉, 수평을 맞추는 거에요. 특히, 새로 만들 매듭의 윗쪽이 여백으로 비어 있을 때 위에서 받쳐주는 매듭이 없기 때문에 높이를 맞추기가 더욱 어렵죠. 매듭의 높이를 맞출 때는 우선 매듭과 눈의 높이를 맞춘 다음 정면에서 매듭을 바라보며 맞추세요. 눈 높이가 같아도 옆면에서 보면 높이가 다르게 보인답니다.
'스퀘어 매듭'의 높이를 맞출 경우에는 숫자 4모양의 '하프 스퀘어 매듭'을 만들 때 매듭의 높이가 같아야 합니다. 원하는 위치에 매듭이 있다면 그때 좌우가 바뀐 4모양의 '하프 스퀘어 매듭'을 만들어주세요.

Q 작업을 오래하니 팔이 너무 아파요
A 마크라메는 장시간 작업을 하면 당연히 팔이 아픕니다. 한번 잡으면 손에서 놓을 수 없겠지만 하루의 매듭 작업은 2~3 시간을 넘기지 않도록 나누어 작업하세요. 마크라메 작업물과 몸과의 거리를 최대한 가깝게 하고, 높이가 조절되는 행어를 사용하여 팔을 너무 많이 들어 올리거나 허리가 굽은 상태에서 작업하지 않도록 하는 것이 중요합니다.

Q 매듭이 틀렸을 경우 어떻게 하나요?
A 매듭이 틀렸을 때 바로 알아차렸다면 풀고 다시 만들면 되지만, 한참 작업한 뒤에 중간에 틀린 걸 알게 되면 정말 닥막해 집니다. 안타깝게도 중간의 틀린 매듭을 다시 고치는 방법은 없어요. 하지만 매듭의 높이는 조정 할 수 있습니다. 매듭을 조금씩 올려 묶거나 아래부터 매듭을 조금씩 풀어 위치를 내릴 수 있어요. 매듭을 풀어 수정하는 데는 시간이 오래 걸리니 처음부터 꼼꼼히 확인하면서 작업하는 게 좋아요.

끌레드륀느 클래스

원데이 클래스

마크라메의 기본 매듭을 배우고, 기본 매듭을 활용하여 한 가지 작품을 완성하는 수업.
플랜트 행거(**화분 걸이**) 또는 월 행잉(**벽장식**) 중 선택하여 배울 수 있다. 마크라메를 경험할 수
있는 좋은 기회이며, 짧은 시간 안에 완성도 높은 작품을 완성하기에 커다란 성취감을 느낄 수 있다.

정규 취미반

주 1회(**매회 2시간**), 총 4회 과정으로 플랜트 행거와 중형 월 행잉을 배우는 수업.
매듭을 연결하여 패턴을 만드는 방법과 레이어드 기법을 배우며, 스스로 응용하여 마크라메 작품을
만들 수 있게 된다. 새로운 취미 생활을 갖고자 하는 이들에게 적합한 과정이다.

팬던트 과정

취미반의 심화과정 수업. 마크라메 팬던트는 그 자체로도 인테리어 효과가 있을 뿐 아니라 전구를 넣어
조명으로 활용할 수 있는 실용적인 작품이다. 추가적인 새로운 매듭, 로프와 링을 연결하는 방법,
매듭과 링의 수평을 맞추는 섬세한 방법, 로프 끝단의 연출법 등을 배우게 된다.

스페셜 클래스

시즌 별로 진행되는 비정기적 수업. 마크라메 가방, 텀블러 파우치, 네트 백, 코스터, 키 링, 애견 텐트 등을 완성할 수 있다. 취미반 수업을 통해 실력을 쌓은 이들이라면 특별한 날이나 공간에 필요한 백 드롭 같은 인테리어 작품을 강사와 함께 함께 의논하여 디자인을 정하고 완성할 수 있다.

모던 마크라메 지도사 자격증반

국제모던마크라메연구협회에서 발급하는 민간자격증을 취득하는 과정. 모던마크라메지도사
[등록번호 제 2018-003228] 자격증은 기초부터 고급 매듭법과 패턴은 물론이며 마크라메 디자인을 창작하는 방법까지 배울 수 있다. 기초부터 차근차근 가르치기 때문에 마크라메를 처음 접하는 이들도 신청할 수 있다. 자격증 취득 후에는 국제모던마크라메연구협회 회원으로 등록할 수 있으며,
창업에 필요한 재료 구입처와 교재를 제공한다. 뿐만 아니라 협회원들에게는 꾸준한 워크샵을 통한 디자인 및 커리큘럼 공유는 물론이며 외부 프로젝트나 출강의 기회도 나누고 있다.
자격증 수업은 서울 본원뿐 아니라 여러 지역의 지회에서도 수강할 수 있다.

강의 일정 확인과 수강 신청은 인스타그램과 네이버 블로그를 통해 가능하며 이를 통해 다양한 활동과 마크라메 디자인 정보를 제공하고 있다.

- 네이버 블로그 www.blog.naver.com/jiyebyun
- 인스타그램 www.instagram.com/clair.de.lune.official
- 위치 서울 마포구 망원로 2길 96 3층 301호
- 전화번호 070-4213-5767
- 이메일 cdl.macrame@gmail.com

쉽 게 따 라 하 고 · 근 사 하 게 완 성 한 다
MACRAME BOOKCLASS

펴낸 날 초판 2019년 10월 9일

지은이 변지예
펴낸이 김민경

사진 박상국(일오스튜디오)
표지디자인 김상렬
내지디자인 임재경(Another design)
일러스트레이션 이희직(감나무디자인)
교열·교정 그레이스 최
인쇄 도담프린팅
종이 영지페이퍼

펴낸 곳 팬앤펜(PAN n PEN)출판사
출판등록 제307-2015-17호
주소 서울 성북구 삼양로43 IS빌딩 201호
전화 02-6384-3141
팩스 0507-090-5303
전자우편 panpenpub@gmail.com

저작권ⓒ변지예, 2019
편집저작권ⓒ팬앤펜출판사, 2019

이 책은 저작권법에 따라 보호를 받는 저작물이므로 무단 전재와 복제를 금지합니다.
이 책 내용의 전부 또는 일부를 이용하려면 반드시 저작권자와 팬앤펜출판사의 서면 동의를 받아야 합니다.
제본 및 인쇄가 잘못되었거나 파손된 책은 구입하신 곳에서 교환해드립니다.

ISBN 979-11-965125-2-1 13630
값 14,000원